RÉSUMÉ

DE LA

JURISPRUDENCE

DE LA COUR IMPÉRIALE DE BASTIA

ET

SOLUTIONS A CONSULTER

SUR LA LIQUIDATION DES DÉPENS EN MATIÈRE CIVILE,

PRÉCÉDÉ

D'OBSERVATIONS PRATIQUES SUR L'OPÉRATION DE LA TAXE

ET SUIVI

D'UN TARIF LÉGAL

POUR LA COUR IMPÉRIALE DE BASTIA ET LES DIVERSES JURIDICTIONS
DE SON RESSORT.

BASTIA,

IMPRIMERIE DE CÉSAR FABIANI

—

1857

RÉSUMÉ

DE LA

JURISPRUDENCE

DE LA COUR IMPÉRIALE DE BASTIA

ET

SOLUTIONS A CONSULTER

SUR LA LIQUIDATION DES DÉPENS EN MATIÈRE CIVILE, *(signé : Colonna d'Istria et Gaffori)*

PRÉCÉDÉ

D'OBSERVATIONS PRATIQUES SUR L'OPÉRATION DE LA TAXE *(par le 1er président Colmètes)*

ET SUIVI

D'UN TARIF LÉGAL

 POUR LA COUR IMPÉRIALE DE BASTIA ET LES DIVERSES JURIDICTIONS
DE SON RESSORT.

BASTIA,

IMPRIMERIE DE CÉSAR FABIANI

—

1857

(c.)

La taxe est une opération ingrate et difficile à laquelle on n'atta-
che pas toujours l'importance qu'elle a réellement. Les frais de justice
sont, en effet, une charge très-onéreuse pour les justiciables, et il se-
rait aussi injuste d'en diminuer arbitrairement le montant au préjudice
de l'avoué dont ils constituent le droit, que de l'augmenter au détri-
ment des parties qui les supportent. — Les Tarifs ont eu surtout pour
but de rendre la taxe uniforme; cependant on remarque souvent que
les juges taxateurs, en consultant une jurisprudence essentiellement
variable, émettent sur les mêmes questions des solutions diverses et
ajoutent ainsi chaque jour à la confusion qui règne déjà dans cette
matière.

 C'est pour obvier à ces inconvénients, que M. le Premier Président
CALMÈTES a eu la pensée de réunir en un seul corps les principales dé-
cisions rendues à cet égard par la Cour impériale de Bastia (1), et les

---

(1) *Depuis que l'impression de ce travail est terminée, il est intervenu devant la Cour Impériale*
de Bastia deux décisions en matière de taxe que nous croyons utile de faire connaître. On les
trouvera à la note de la page vi, *des* Observations pratiques, *et au* Supplément, *page 65.*

règles les plus conformes à la doctrine des auteurs, pour en composer une sorte de manuel destiné à mettre un terme à cette regrettable divergence.

Déjà un travail analogue avait été accompli, sous sa direction, vers la fin de l'année 1853, à la Cour Impériale de Montpellier, lorsqu'il était attaché à cette honorable Compagnie en qualité de Président de chambre. Mais ce travail, qui a produit d'excellents résultats, ne répondait peut-être pas à toutes les nécessités de notre situation spéciale; des abus récemment découverts dans le ressort prouvaient qu'il importait surtout d'y vulgariser les chiffres du tarif, dont les officiers ministériels ne paraissent pas toujours avoir une connaissance suffisante dans la rédaction de leurs mémoires de frais.

Une série de tableaux formant le complément de la partie théorique, contribuera puissamment à faciliter la rédaction des rôles et la liquidation des dépens, en donnant la nomenclature des actes soumis à la taxe et en indiquant les émoluments dus aux Huissiers, aux Avoués et aux Greffiers, selon les diverses juridictions, et d'après les augmentations et les réductions que les Tarifs déterminent.

M. le Premier Président a désiré associer la Cour à cette œuvre utile en la déférant à son examen, et il a obtenu, pour elle, l'autorité de l'unanime approbation des Chambres convoquées en assemblée générale.

Fort d'un tel assentiment, l'honorable et éminent Magistrat a bien voulu, sur notre demande, faire précéder l'ensemble des décisions recueillies, d'Observations Pratiques, fruit de son expérience personnelle en matière de taxe. Cette partie du travail, qui se recommande à l'attention de tous les membres de l'Ordre judiciaire, présente dans des divisions claires et méthodiques toutes les règles que le juge taxateur doit suivre.

Un corps de doctrine sur la taxe, dont les éléments ont été préparés et réunis avec tant de soin et de sollicitude, offre aux Magistrats, aux officiers ministériels et aux justiciables de trop grands avantages pour ne pas devenir l'objet d'une publication. C'est ce qui nous a décidés à demander à M. le Premier Président l'autorisation d'en enrichir notre Recueil d'Arrêts dont l'impression se poursuit et ne se fera pas longtemps attendre.

Colonna d'Istria, — Gaffori,

Conseillers à la Cour Impériale.

OBSERVATIONS PRATIQUES

SUR

L'OPÉRATION DE LA TAXE.

Le Tarif général du 16 février 1807 sur les frais et dépens en matière civile n'a pas été conçu dans une pensée hostile aux officiers ministériels; ses rédacteurs ont eu un double but : mettre un terme à de déplorables abus, — rémunérer les avoués et les huissiers dans une juste mesure et suivant une règle uniforme.

Malheureusement les dispositions du Tarif manquent souvent de clarté ou de précision et les nombreux paragraphes qui divisent ses articles rendent les recherches pénibles et difficiles. — Il renferme aussi des omissions regrettables.

Rédigé principalement pour les Tribunaux de Première Instance du Ressort de la Cour Impériale de Paris, il oblige les magistrats et les avoués de tous les autres siéges à des calculs d'augmentation et de réduction qui exposent à mille chances d'erreur.

Sous le rapport des émoluments des avoués, les Cours Impériales sont divisées en deux classes. — La première comprend celles de Paris, Lyon, Bordeaux et Rouen; — la seconde, toutes les autres Cours.

Les Tribunaux de Première Instance ont été répartis en trois classes; — ceux de Paris, Lyon, Bordeaux et Rouen forment la première; — la seconde se compose des Tribunaux établis dans les villes où siège une Cour Impériale, ou dont la population excède 30,000 âmes; — la troisième classe embrasse tous les autres tribunaux.

Le Tarif règle d'abord les droits des avoués du tribunal de Première Instance de la Seine; il indique le chiffre des émoluments pour chaque acte en particulier dans les affaires ordinaires et le droit unique alloué dans les causes sommaires.

L'article 147 rend ces dispositions communes aux avoués de la Cour Impériale de Paris avec une augmentation pour chaque espèce de droits, savoir :

Dans les matières sommaires du *double*,

Dans les matières ordinaires du *double* pour les droits de consultation et de port de pièces, lorsque les parties sont domiciliées hors de l'arrondissement du Tribunal de Première Instance de Paris ; — pour les autres droits d'une *moitié* seulement des droits attribués aux avoués de Première Instance.

Néanmoins dans les demandes de frais d'un avoué contre sa partie, il n'est alloué que la *moitié* du droit ci-dessus fixé pour les affaires sommaires.

Les Cours Impériales de Lyon, Bordeaux et Rouen étant assimilées à la Cour Impériale de Paris, les avoués de ces diverses Cours jouissent des mêmes émoluments.

Quand aux autres Cours, les sommes allouées aux avoués de la Cour de Paris sont réduites d'un *dixième*.

Les Tribunaux de Première Instance de Lyon, Bordeaux et Rouen étant placés au même rang que le Tribunal de Première Instance de la Seine (1), les émoluments des avoués de ces divers siéges sont identiques ; — mais ils sont réduits d'un *dixième* pour les officiers ministériels exerçant près les Tribunaux établis dans les villes où siége une Cour Impériale, ou dont la population excède 30,000 âmes.

Les émoluments alloués aux avoués du Tribunal de Première Instance de la Seine sont réduits aux *trois quarts* pour les avoués des Tribunaux du Ressort de la Cour Impériale de Paris — et cette réduction est également applicable à tous les Tribunaux de Première Instance de troisième classe.

Ainsi, par exemple, s'agit-il de déterminer l'émolument dû aux avoués

(1) D'après un décret du 12 juin 1856, les dispositions du Tarif des frais et dépens du 16 février 1807, applicables au tribunal de première instance et aux justices de paix établis à Paris, sont rendues communes au tribunal de première instance et aux justices de paix de Marseille. — Voir aussi l'article 16, § 1er de l'ordonnance du 10 octobre 1841 relative aux frais et dépens des ventes judiciaires des biens immeubles, qui assimile le tribunal de première instance de Marseille au tribunal de la Seine.

de la Cour Impériale de Bastia en matière sommaire pour l'*obtention d'un Jugement contradictoire*, il faut d'abord chercher quel serait le droit alloué, pour le même jugement, devant le Tribunal de Première Instance de la Seine, *doubler* cette somme et puis la réduire d'un *dixième.*

En ce qui concerne le Tribunal de Bastia, l'émolument des avoués de Paris serait réduit d'un *dixième ;* — quant aux avoués des Tribunaux d'Ajaccio, de Calvi, de Corte et de Sartene, d'un *quart.*

Afin de prévenir, à cet égard, tout embarras ou toute erreur, nous avons fait imprimer un Tarif spécial pour les juridictions de ce Ressort.

—C'est le Tarif légal présentant les augmentations et les réductions indiquées dans l'article 147 du premier décret de 1807 et dans le décret supplémentaire de la même date (1).

---

(1) Ces augmentations et ces réductions ne sont pas applicables aux frais de taxe réglés par le Tarif du 16 février 1807 relatif à la liquidation des dépens. — Le législateur a adopté, à cet égard, un système plus simple. — L'ordonnance suivante nous paraît avoir résumé avec précision et exactitude les véritables principes en cette matière; elle forme le complément des observations qui précèdent et, à ce titre, elle devait trouver place dans cette publication.

VEUVE VATTEONE, (M° NICOLINI, *avoué*).
CONJOINTS VINCENTELLI, (M° LUSINCHI, *avoué*).

Attendu que l'article 147 du premier Tarif ne s'applique qu'aux diverses dispositions de ce Tarif lui-même;

Attendu que les trois premiers articles du troisième Tarif du 16 février 1807 ne se réfèrent qu'aux émoluments établis pour les avoués des Cours impériales et des Tribunaux de première instance par le premier Tarif précité;

En ce qui concerne le Tarif spécial pour la liquidation des dépens :

Attendu que son application aux diverses Cours et Tribunaux de l'Empire a été l'objet d'une disposition spéciale; — Qu'on lit, en effet, article 4 dudit Tarif : « Le Tarif des frais » de taxe décrété ce jourd'hui pour le ressort de la Cour impériale de Paris est aussi déclaré » commun à tout l'Empire : en conséquence, dans tous les chefs-lieux de Cours impériales, » les droits de taxe seront perçus comme à Paris; et partout ailleurs, ils seront perçus » comme dans le ressort de la Cour impériale de Paris. » D'où il résulte que les émoluments des avoués près les Cours impériales de première et de seconde classe, ainsi que près les Tribunaux de première instance établis dans les villes où siègent les Cours impériales, sont identiques à ceux fixés pour la Cour impériale de Paris et pour le Tribunal de première instance de la Seine : — et que, en ce qui touche les autres Tribunaux de l'Empire, les émoluments doivent être perçus comme dans le ressort de la Cour impériale de Paris;

Que, dès lors, par application de ce principe, il y a lieu de réduire l'émolument de 1 fr. 70 c. à 1 fr., et l'émolument de 10 fr. 13 c. à 7 fr. 50 c.;

Par ces motifs,

Nous, Conseiller délégué, fixons le montant du rôle de frais à la somme de 12 fr. 05 c.

Bastia, le 25 mai 1857.

Signé : COLONNA D'ISTRIA.

B

Le Tarif renferme des dispositions obscures ou contradictoires et la jurisprudence n'offre, trop souvent, en cette matière, que des lumières insuffisantes ou incertaines. — Il en résulte de sérieuses difficultés dans la pratique.

La plupart des questions que soulève la taxe naissent et meurent dans le cabinet du taxateur; là, elles sont résolues sans publicité, sans discussion contradictoire.

Rarement l'opposition vient-elle élever la question douteuse aux proportions d'un débat où les intérêts de la partie absente seraient placés sous la sauvegarde d'une discussion sérieuse. — L'avoué comprend que dans un tel litige, c'est en quelque sorte le juge taxateur lui-même qui est en cause et le plus souvent il s'abstient par respect pour des susceptibilités qu'il tient à ménager.

Une semblable position impose au magistrat taxateur une grave responsabilité. — Son premier devoir est de se livrer à une consciencieuse étude des textes, à en éclaircir les obscurités, en consultant la jurisprudence et la doctrine des auteurs. S'il néglige cet indispensable préliminaire, il s'expose à d'inévitables erreurs et les erreurs, en cette matière, se résolvent en une spoliation dont il devient ainsi le complice.

L'opération de la taxe n'est pas toujours bien comprise; il est des magistrats qui, avec le plus sincère désir de liquider régulièrement un rôle de frais, n'accomplissent que très-incomplétement cette tâche, parce qu'ils ne se rendent pas bien compte de l'étendue de leur pouvoir juridictionnel et des obligations qui leur sont imposées.

Quelques précisions à cet égard seront peut-être utiles; elles pourront venir en aide à l'inexpérience des jeunes taxateurs.

Quelles sont les questions que le magistrat doit examiner et résoudre, lorsqu'un rôle de frais lui est remis pour en opérer la taxe? — Nous allons les indiquer sommairement; nous présenterons ensuite quelques explications sur chacune d'elles.

1° La partie contre laquelle la taxe est demandée a-t-elle été condamnée aux dépens, en totalité ou en partie?

2° Le rôle est-il régulier en la forme?

3° Est-il accompagné de toutes les pièces justificatives?

4° Quelle est la nature de l'affaire qui a donné lieu aux dépens dont on poursuit le recouvrement?

5° Les divers actes énoncés dans le rôle étaient-ils autorisés par la loi? — Étaient-ils utiles à la cause?

6° En les supposant autorisés et utiles, n'ont-ils pas été rédigés d'une manière abusive? — Ne contiennent-ils pas des développements superflus et frustratoires?

7° Le chiffre des déboursés est-il justifié par les pièces produites?

8° Le chiffre des émoluments est-il conforme aux dispositions du Tarif?

9° Les droits de copie portés dans le rôle de frais sont-ils dus? — L'émolument réclamé à ce titre n'est-il pas exagéré?

Examinons succinctement ces diverses questions.

I.

La partie contre laquelle la taxe est demandée a-t-elle été condamnée aux dépens en totalité ou en partie?

La taxe d'un rôle de frais a pour but l'exécution de la condamnation aux dépens.

L'avoué ne peut réclamer la taxe et prendre exécutoire contre son propre client; suivant l'article 9 du second décret du 16 février 1807, il doit agir, dans ce cas, par voie d'action principale devant le Tribunal où les frais ont été exposés et sans qu'il soit nécessaire de recourir à l'essai de conciliation.

Le taxateur doit donc s'assurer, par une lecture attentive du jugement, si l'avoué demande la taxe contre la partie adverse condamnée aux dépens, ou bien contre celle dont il a défendu les intérêts; dans ce dernier cas, il doit s'abstenir de taxer le rôle.

Il est cependant une hypothèse particulière dans laquelle la taxe contre partie est admise; elle est indiquée dans le *Résumé de la jurisprudence de la Cour*, § 4, Question V, pag. 15.

II.

Le rôle est-il régulier en la forme?

La forme des rôles de frais est d'une très-grande importance; elle constitue une garantie pour les intérêts du justiciable; elle suffit pour prévenir de nombreux abus.

D'après un usage constant dans les Cours et Tribunaux où la taxe s'opère avec régularité, les rôles de frais sont divisés en six colonnes : la première à gauche est destinée à recevoir les sommes allouées par le juge taxateur;

La seconde contient l'indication des articles du tarif qui accordent l'émolument;

La troisième, les numéros d'ordre des divers articles du mémoire;

La quatrième, l'énonciation de la nature des actes;

La cinquième, les déboursés;

La sixième, les émoluments (1);

Enfin, les mémoires de frais doivent être dressés sur papier timbré.

Si un rôle de frais n'est pas conforme à ces indications, le juge taxateur doit le renvoyer à l'officier ministériel qui l'a présenté, afin qu'il le complète ou le rectifie.

Un auteur recommandable a soutenu que les magistrats ne peuvent exiger l'énonciation, dans les rôles de frais, des articles du Tarif qui autorisent la perception des droits réclamés par les avoués.

Cette opinion, contraire à l'usage et aux habitudes des meilleurs praticiens, est évidemment erronée.

La liquidation des dépens constitue, en effet, une véritable instance : les avoués y jouent le rôle de demandeurs. — Cette qualité leur impose l'obligation de justifier leur demande; sur chaque article du rôle ils sont tenus de produire leurs titres. — S'agit-il d'un émolument, quel sera le titre? — N'est-ce pas l'article du Tarif qui en autorise la perception?

Il importe d'autant plus aux avoués d'indiquer avec exactitude le texte

---

(1) Voir le modèle d'un Rôle de frais, page xxxiii.

de la loi qui sert de fondement à leur demande, qu'il leur est interdit, sous peine de restitution, de dommages-intérêts et d'interdiction, d'exiger de plus forts droits que ceux énoncés au Tarif (Art. 151, § 4.)

III.

Le rôle est-il accompagné de toutes les pièces justificatives?

L'émolument réclamé trouve sa justification dans les dispositions du Tarif; — les déboursés dans les pièces ou dans les actes qui les ont occasionnés. — Les remises de cause sont justifiées par les bulletins que le greffier délivre aux avoués en vertu de l'article 1er, No 13, du décret du 24 mai 1854 (1).

Le taxateur doit donc vérifier si le dossier est complet et si toutes les pièces sont classées suivant l'ordre chronologique.

Tout article relatif à un déboursé qui n'est pas accompagné d'une pièce justificative, doit être rayé du rôle.

IV.

Quelle était la nature de l'affaire qui a donné lieu aux dépens dont on poursuit la liquidation et le recouvrement?

La distinction des affaires ordinaires et des affaires sommaires est d'une extrême importance, la rémunération des avoués étant basée sur des principes essentiellement différents, suivant que la cause appartient à l'une ou à l'autre de ces deux catégories.

Dans les affaires ordinaires, le Tarif accorde à l'avoué un émolument pour chacun de ses actes; ses démarches même sont rétribuées à titre de *vacations;* sa présence à l'audience, lors de la plaidoirie, donne lieu

---

(1) Voir le modèle des Bulletins de remises de cause en usage devant la Cour Impériale de Bastia, à la suite du *Résumé de la jurisprudence*, page 16.

en sa faveur à un droit d'*assistance*, et ses écritures à un émolument calculé à tant par rôle.

Dans les causes sommaires, au contraire, l'avoué ne reçoit qu'un émolument unique sous la dénomination de *droit d'obtention du jugement*. Cet émolument s'applique à l'ensemble de la procédure, et l'article 67 du Tarif en fixe le chiffre suivant la valeur de la demande.

Quant aux actes nécessaires à l'instruction de la cause, l'avoué n'obtient que les déboursés dont il justifie avoir fait l'avance.

Si l'arrêt ou le jugement déterminait le caractère du litige, conformément à la circulaire de S. Exc. M. le Ministre de la justice du 20 octobre 1820, le taxateur n'aurait point à se préoccuper de cette délicate question; — Malheureusement il n'en est pas toujours ainsi et c'est le plus souvent à l'occasion de la taxe des dépens, que cette difficulté doit être résolue. — Le résumé de la jurisprudence de la Cour Impériale de Bastia rendra cette tâche facile. — Il renferme, en effet, une énumération que nous croyons exacte de toutes les affaires qui sont réputées sommaires et doivent être taxées comme telles.

Nous devons ici signaler un abus dont la pratique n'offre que trop d'exemples.

S'agit-il d'un rôle de frais en matière sommaire, les avoués se permettent de cumuler les émoluments spéciaux à cette nature d'affaires et ceux des causes ordinaires, notamment en ce qui concerne :

1° Le droit de consultation,

2° La vacation pour la mise au rôle,

3° La vacation pour la communication au ministère public,

4° Les remises de cause,

5° Le droit de rédaction de l'état de frais.

Souvent aussi, dans les causes sommaires, les avoués portent l'émolument pour la rédaction des qualités des jugements par défaut, au mépris des dispositions du § 2 de l'article 67 du Tarif.

Nous avons même vu des officiers ministériels s'attribuer autant de *droits d'obtention* qu'il y avait de parties ayant des intérêts distincts ou contraires, au lieu du *quart en sus* autorisé par le § 10 de l'article 67 du Tarif.

Enfin, il n'est point rare de voir des rôles de frais dans lesquels on substitue le *droit d'obtention* du jugement attribué à l'avoué dans les matières sommaires, au *droit d'assistance* accordé par les articles 82 et 86 du Tarif dans les matières ordinaires.

Cette confusion des émoluments des affaires ordinaires et des affaires sommaires a presque toujours pour but une perception abusive; — quelquefois, cependant, elle peut avoir une cause légitime.

Une affaire, en effet, sommaire à son origine, peut devenir ordinaire durant le cours de l'instance, — ou bien, ordinaire d'abord, revêtir plus tard le caractère d'une affaire purement sommaire.

Si une cause a été réputée sommaire en première instance à raison de l'urgence, elle peut cesser de l'être devant le juge supérieur, si les intérêts qui étaient en péril à l'origine du litige ont été sauvegardés par des mesures ordonnées par le premier juge.

S'il s'agit d'une demande personnelle relative au paiement d'une somme supérieure à 1,500 fr., fondée sur un titre contesté, la cause est ordinaire; — mais si durant l'instance et après divers jugements préparatoires ou interlocutoires, le défendeur fait signifier un acte dans lequel il déclare reconnaître la sincérité et la validité du titre, en se bornant à soutenir que la dette a été partiellement éteinte par suite de remises de fonds ou d'effets, dès ce moment la nature de l'affaire se modifie et d'*ordinaire* qu'elle était, elle devient *sommaire*.

Ainsi, lorsqu'un rôle de frais renferme des émoluments se référant aux causes ordinaires et aux affaires sommaires, le magistrat doit examiner avec soin quelle était la nature de la demande au début de l'instance et en suivre les diverses phases, pour s'assurer si elle a conservé jusqu'au jugement définitif son caractère originaire.

V.

Les divers actes portés dans le rôle étaient-ils autorisés
par la loi?

Le magistrat taxateur, après avoir jugé la cause à l'audience, devient le juge de la procédure dans son cabinet. — C'est une tâche difficile, dont l'accomplissement exige une étude attentive de chaque procédure et suppose une connaissance approfondie des lois qui en règlent la forme, la marche et les incidents.

Les émoluments et les déboursés de tous les actes, qui ne sont pas autorisés par la loi spéciale de la matière, doivent être inexorablement éliminés de la taxe.

Si, par exemple, l'avoué assigne le tiers-saisi sur la demande en validité formée contre la partie saisie ;

S'il appelle en déclaration affirmative les receveurs, dépositaires ou administrateurs de caisses ou deniers publics, lorsque la saisie-arrêt a été faite entre leurs mains ;

S'il introduit, par action principale, des demandes que la loi prescrit de former incidemment et par acte d'avoué à avoué ;

Si le jugement de défaut profit-joint est signifié au défendeur qui a comparu ;

Si le jugement d'ordre a été signifié à avoué en autant de copies qu'il y a de parties représentées par l'avoué qui les reçoit ;

S'il était pris un jugement de défaut profit-joint dans une matière où les jugements rendus par défaut ne sont pas susceptibles d'opposition, etc., etc., — dans ces divers cas et autres semblables les frais de ces procédures, contraires à la loi, demeureraient à la charge de l'avoué qui les aurait faites.

VI.

En supposant tous les actes de la procédure autorisés par la loi et utiles à la cause, sont-ils valables en la forme ? — N'ont-ils pas été rédigés d'une manière abusive ? — Ne contiennent-ils pas des développements superflus et frustratoires ?

Aux termes de l'article 1031 du Code de Procédure Civile, les frais des actes nuls doivent être supportés par les officiers ministériels auxquels la nullité est imputable.

Si un acte a été déclaré nul, ou si l'avoué qui l'a rédigé en a lui-même reconnu la nullité, le juge taxateur doit retrancher du rôle l'émolument et les déboursés qui se réfèrent à cet acte.

Après avoir constaté la validité d'un acte, la tâche du juge taxateur n'est pas terminée ; il doit examiner s'il n'est pas rédigé d'une manière abusive.

S'agit-il d'une requête dont le Tarif a déterminé les limites, le taxateur vérifiera si le nombre de rôles fixé par la loi n'a pas été dépassé.

S'agit-il d'une requête dont l'étendue est subordonnée à la nature et à l'importance de l'affaire, le taxateur doit lire l'acte en entier et s'assurer qu'il ne renferme pas des développements oiseux. — S'il y trouve, par exemple, des discussions de fait ou de droit relatives à des questions déjà décidées, dans l'instance même, par des jugements ou arrêts passés en force de chose jugée, ou bien la copie littérale d'actes ou de jugements, même relatifs au litige, etc., etc., le magistrat taxera la requête, soit en déboursés, soit en émoluments, comme si les parties purement frustratoires n'y existaient pas.

VII.

Le chiffre des déboursés est-il justifié par les pièces produites?

Nous avons dit que l'avoué doit justifier sa demande en ce qui concerne les déboursés par la production des actes qui y ont donné lieu.

Les déboursés comprennent les sommes avancées soit par la partie, soit par l'avoué, pour timbre, droit de greffe, enregistrement, salaires d'huissiers, etc., etc.

Le taxateur s'assurera si les sommes avancées, à ces divers titres, sont exactement portées dans le rôle.

La partie condamnée n'est point en présence du juge pour défendre ses intérêts; le magistrat doit donc suppléer à son absence et se livrer à une minutieuse vérification du chiffre des déboursés.

Tous les déboursés dont la réalité est reconnue doivent passer en taxe, à l'exception de ceux qui ont été occasionnés par des actes contraires à la loi, nuls ou frustratoires, soit en totalité, soit en partie.

Il ne suffit pas, cependant, que l'avoué établisse qu'il a fait un déboursé, pour que le magistrat soit tenu de le passer en taxe; il faut encore que cette avance ait une cause légitime.

Nous citerons quelques exemples pour mieux faire comprendre aux juges taxateurs la nature du contrôle qu'ils doivent exercer.

La mise au rôle a donné lieu jusqu'à ce jour aux perceptions les plus abusives.

Voici l'indication des seules perceptions autorisées par la loi:

c

NATURE des causes.	JURIDICTIONS.	ARTICLES DES LOIS qui autorisent la perception.	DROITS au trésor.		DROITS de greffe.	VACATIONS de l'avoué.		TOTAL.	
			fr.	c.		fr.	c.	fr.	c.
Affaires ordinaires	Cour impériale de Paris.	Art. 5, § 6 de la Loi du 21 Ventôse An 7. — et Loi du 14 juillet 1804.	»	60	»	»	»	»	»
		Art. 19, Loi du 21 Ventôse, An 7	»	»	20 c.	»	»	»	»
	Tribunaux des premier ordre d'instance.	Art. 3, § 4, Loi du 21 Ventôse, An 7, — et Loi du 14 juillet 1804.	1	65	»	»	»	7	80
		Art. 19, Loi du 21 Ventôse, An 7	»	»	15 c.	»	»	»	»
	Cour impériale de Paris.	Art. 5, § 6, Loi du 21 Ventôse, An 7. — et Loi du 14 juillet 1827.	»	30	»	»	»	8	65
		Art. 19, Loi du 21 Ventôse, An 7	»	»	20 c.	»	»	»	»
		Art. 96 du Décret du 16 Février 1807	»	»	»	2	65	»	»
Affaires sommaires	Tribunal de Police.	Art. 5, § 5, Loi du 21 Ventôse, An 7. — et Loi du 14 juillet 1855.	»	30	»	»	»	4	85
		Art. 72, Loi du 21 Ventôse, An 7	»	»	50 c.	»	»	»	»
		Art. 96, Décret du 16 Février 1807	»	»	»	1	50	»	»
	Tribunaux des sociétés civiles du premier ordre.	Art. 3, § 5, Loi du 21 Ventôse, An 7, — et Loi du 14 juillet 1855.	»	30	»	»	»	4	70
		Art. 19, Loi du 21 Ventôse, An 7	»	»	20 c.	»	»	»	»
		Art. 96, Décret du 16 Février 1807	»	»	»	1	15	»	»
Affaires des justices de paix, même hors de leur séance de paix.	Tribunaux de simple police non sujet d'avoués.	Art. 5, § 5, Loi du 21 Ventôse, An 7, — et Loi du 14 juillet 1855.	»	50	»	»	»	5	60
		Art. 19, Loi du 21 Ventôse, An 7	»	»	50 c.	»	»	»	»

Dans les nombreux rôles de frais qui sont passés sous nos yeux, les perceptions légales, en cette matière, ont presque toujours été dépassées, dans certains siéges.

Ainsi, en matière sommaire, au lieu de la somme de 1 fr. 80 c., qui comprend à la fois les déboursés et les émoluments de la mise au rôle dans les tribunaux de troisième classe, nous avons trouvé les perceptions suivantes :

1°	2 fr. » c.	16°	4 fr. 20 c.
2°	2 10.	17°	4 30.
3°	2 20.	18°	4 45.
4°	2 55.	19°	4 50.
5°	2 75.	20°	4 55.
6°	2 85.	21°	4 65.
7°	2 90.	22°	4 70.
8°	2 93.	23°	4 85.
9°	3 »	24°	4 95.
10°	3 15.	25°	5 »
11°	3 17.	26°	5 50.
12°	3 20.	27°	6 08.
13°	3 55.	28°	6 10.
14°	4 »	29°	7 55.
15°	4 15.		

En matière ordinaire, au lieu de 4 fr. 75 c., nous avons constaté les perceptions suivantes :

1°	5 fr. 35 c.	5°	6 fr. 10 c.
2°	5 50.	6°	6 25.
3°	5 65.	7°	6 65.
4°	5 80.		

En ce qui concerne les appels des jugements émanés des justices de paix, au lieu de 3 fr. 60 c., nous avons trouvé :

1°	4 fr. » c.	4°	4 fr. 65 c.
2°	4 20.	5°	4 85.
3°	4 45.	6°	5 50.

Par quels procédés est-on parvenu à exagérer ainsi le coût de la mise au rôle? — Les greffiers et les avoués y ont concouru dans des proportions différentes. — Les greffiers, en percevant, avec l'assentiment des avoués, les émoluments qui leur sont alloués par le décret du 24 mai 1854 pour les *bulletins constatant les remises de causes*, le *papier timbré de la minute du jugement* et la *mention du jugement au répertoire*. — Il suffit d'énoncer la nature de ces droits pour comprendre qu'ils ne peuvent être exigés lors de la mise au rôle. — Comment, au moment où cette formalité s'accomplit, peut-on savoir si la cause donnera lieu à ces déboursés? — Que d'instances, en effet, qui, après leur inscription, sont radiées du rôle par suite d'abandon, de désistement ou de transaction! — Dans toutes ces causes — et elles sont nombreuses, — les droits de *remise*, de *minute* et de *répertoire* ne sont jamais dus et il est manifeste que si le greffier en a reçu par anticipation le montant, il a fait des perceptions illégales qui le soumettent à restitution.

Les avoués, de leur côté, contribuent à grossir le coût de la mise au rôle, en s'attribuant la vacation accordée par l'art. 90 du Tarif, dans les cas où elle n'est pas due, particulièrement en matière sommaire et dans les appels des jugements émanés des justices de paix; — quelquefois aussi en portant dans leurs rôles la vacation accordée aux avoués d'une classe supérieure; — enfin, lorsque la cause ayant été rayée a été plus tard réinscrite, ils s'attribuent une double vacation, au mépris de la disposition de la loi du 21 ventose an VII, suivant laquelle la seconde inscription d'une même cause doit être faite gratuitement, en mentionnant le premier placement.

D'après les articles 3 de la loi du 21 ventose an VII, — 21 et 59 du décret du 30 mars 1808, — 152 et 157 §§ 1 et 2 du Tarif, il est accordé un émolument aux huissiers pour l'appel des causes. — La somme allouée est

> de 1 fr. 12 c. 1/2 devant la Cour de Bastia,
> de »   27   devant le Tribunal de Bastia,
> de »   25   devant les autres Tribunaux du Ressort.

Mais cet émolument n'est dû que pour les arrêts et jugements par défaut, interlocutoires et définitifs, sans qu'il puisse être accordé aucun droit pour les jugements préparatoires ou de simple remise.

Ces prescriptions sont souvent méconnues. — Le taxateur aura donc à rechercher quelle est la nature du jugement qui a donné lieu à l'appel de cause. — La distinction des jugements *préparatoires* et des jugements *interlocutoires* présente quelquefois des difficultés sérieuses; elles doivent être mûrement examinées, afin de ne pas laisser à la charge des parties une perception qui ne serait pas due; — il faut vérifier ensuite si le chiffre de l'émolument n'a pas été exagéré; nous en avons vu des exemples.

Les transports des huissiers donnent lieu aussi à de nombreux abus. Le juge taxateur doit s'assurer si la signification ou l'acte que l'huissier était chargé de faire en se transportant sur les lieux, a été réellement fait par l'huissier qui en a reçu la mission et perçu l'émolument.

Il est des huissiers qui se dispensent du transport, en chargeant un de leurs confrères résidant dans la commune où l'acte doit s'accomplir, d'instrumenter à leur place et cependant le coût de l'acte est compté comme s'il y avait eu déplacement et transport.

Les frais de transport sont quelquefois exagérés parce que l'huissier s'attribue un émolument qui n'est pas en rapport avec la distance parcourue.

La vérification de l'exactitude du montant de l'indemnité de transport n'est pas difficile.

L'indemnité des huissiers ordinaires exerçant près les Cours Impériales et les Tribunaux de première instance est réglée ainsi qu'il suit :

DROITS DE TRANSPORT DES HUISSIERS ORDINAIRES

A RAISON DE LA DISTANCE PARCOURUE.

Pour 5 Kilomètres ou	1/2 Myriamètres. .	0 fr.	
10	1	4	
15	1 1/2	6	
20	2	8	
25	2 1/2	10	
30	3	12	
etc.	etc.	etc.	

Quant aux huissiers des justices de paix ces chiffres subissent une réduction de moitié.

En rapprochant ces indications du tableau des distances qui se trouve au greffe de chaque juridiction, le juge taxateur reconnaîtra sans peine si la somme, qui figure dans le rôle pour le coût d'une signification ou d'un acte qui a donné lieu à transport, est exacte ou exagérée.

VIII.

Le chiffre des émoluments est-il conforme aux dispositions
du Tarif?

Les rôles de frais renferment, à cet égard, de nombreuses inexactitudes qui tiennent à des causes diverses.

Quelquefois les avoués se trompent dans les calculs d'augmentation et de réduction des émoluments portés au Tarif, — ou bien ils s'attribuent des émoluments qui n'appartiennent qu'à des officiers ministériels exerçant près des Tribunaux d'une classe supérieure.

Le Tarif légal qui accompagne cette publication rendra toute erreur impossible. — ou tout au moins inexcusable, car elle présenterait les apparences d'une erreur volontaire.

IX.

Les droits de copie portés dans le mémoire de frais sont-ils dus? —
Les émoluments réclamés à ce titre n'ont-ils pas été exagérés?

Les droits de copie ne sont dus que lorsque la loi les alloue; il est, en effet, des actes dont la copie est prescrite et qui ne produisent, sous ce rapport, aucun émolument pour l'avoué.

Si la copie est rétribuée, le taxateur examine si sa signification est utile à la cause.

Si, par exemple, une requête en défenses est signifiée à une partie contre laquelle il n'est pris aucune conclusion, ou si une même signification est faite au domicile réel et au domicile élu, lorsque les parties ont déclaré, dans un acte, qu'elles entendaient recevoir au domicile élu toutes les significations à faire durant l'instance, — dans ces cas et dans tous ceux où la copie signifiée était sans utilité, le taxateur doit la rejeter non-seulement quant à l'émolument de l'huissier ou de l'avoué, mais encore quant au déboursé pour papier timbré.

S'il existe plusieurs défendeurs et qu'à l'égard de chacun d'eux la demande soit basée sur des titres distincts, le juge n'allouera, dans chaque assignation, que la copie des pièces qui se réfèrent en particulier à chacune des parties assignées.

Le Tarif rétribue la copie des pièces suivant deux modes différents; tantôt il alloue le quart de l'émolument accordé pour l'original, — tantôt le droit est basé sur le nombre de rôles de la pièce dont il est donné copie.

Si l'original n'est pas divisé régulièrement par rôles, s'il contient, par exemple, plus de lignes à la page et plus de syllabes à la ligne qu'il n'en devrait contenir, ou si les pièces dont on donne copie ne sont pas grossoyées, il faut calculer le nombre de rôles qu'aurait dû contenir cette pièce si elle eût été dressée conformément à la loi.

Le même calcul est nécessaire pour contrôler l'évaluation faite par l'officier ministériel de son droit de copie. — Cette opération, quelque minutieuse qu'elle soit, ne présente, au surplus, aucune difficulté; il suffit de compter le nombre de lignes que renferme la pièce originale et de le multiplier par le nombre de syllabes d'une ligne prise au hasard; on divise ensuite le nombre total des syllabes par celui d'un rôle de la pièce signifiée et l'on obtient ainsi le nombre de rôles dont le droit de copie doit être accordé à l'officier ministériel.

Le nombre de lignes et de syllabes que doit contenir un rôle varie suivant que le droit de copie appartient à un huissier ou à un avoué, — ou bien que l'acte signifié émane d'un notaire, — ou que la copie des pièces a eu lieu dans le cours d'une procédure d'expropriation pour cause d'utilité publique, etc., etc.

Les huissiers ont le droit *exclusif* de dresser et de certifier les copies de tous les actes signifiés *en dehors des instances* dans lesquelles les avoués ont le droit d'occuper; — leur émolument est fixé d'une manière

générale par les articles 22 et 28 du Tarif. — Si l'avoué avait lui-même
fait et certifié les copies signifiées par l'huissier, comme il aurait agi en
dehors des circonstances qui rendent son ministère obligatoire et accompli la tâche de l'huissier, il ne pourrait prétendre qu'au même émolument attribué par la loi à ce dernier.

Dans le cours des instances, au contraire, où leur ministère est obligatoire, les avoués ont concurremment avec les huissiers le droit de certifier
les copies, et le Tarif leur accorde un émolument spécial. (Article 72, § 2.)

Il résulte de cette double attribution faite aux huissiers et aux avoués
que si les copies de pièces signifiées *dans le cours d'une instance* sont
faites et certifiées par un huissier, le droit de copie est réglé par rôle
de 20 lignes à la page et de 10 syllabes à la ligne (art. 28, § 1er du Tarif); — si, au contraire, c'est l'avoué qui dresse et signe la copie, il a
droit à un émolument calculé par rôle de 25 lignes à la page et de 12
syllabes à la ligne. (Art. 72, § 3 du Tarif.)

Mais s'il s'agit de la signification de *tout jugement à avoué* ou *à domicile*, l'art. 89 fixe l'*émolument dû à l'avoué par chaque rôle d'expédition*,
c'est-à-dire par rôle de 20 lignes à la page et 8 à 10 syllabes à la ligne.
(Art. 6. Loi du 21 ventose an VII.)

Dans les instances en saisie-immobilière, le droit de copie du titre qui
sert de fondement à la saisie appartient exclusivement à l'huissier. (Ordonnance du 10 octobre 1841, Art. 3, § 3, — Circulaire de S. Exc. M.
le Ministre de la Justice, § 2 du 20 août 1842.)

En matière d'expropriation pour cause d'utilité publique, le droit attribué à l'huissier pour copie de pièces, est réglé par rôle de 28 lignes
à la page et de 14 à 16 syllabes à la ligne. (Art. 5. Ordonnance du 18
septembre 1833.)

Nous croyons utile de présenter dans une suite de tableaux la compo-
sition des rôles de grosse servant à l'évaluation des droits de copie et
l'émolument attribué, à ce titre, aux huissiers et aux avoués.

§ 1er — Copies de titres ou pièces signifiées *en dehors des instances* où le ministère des Avoués
est obligatoire.

NATURE DES ACTES.	ARTICLES DES TARIFS.	COMPOSITION DES RÔLES.			DROITS DUS AUX AVOUÉS				DROITS DUS AUX HUISSIERS DES CANTONS	
		Nombre de lignes à la page.	Nombre de syllabes à la ligne.	Total des syllabes par rôle.	DE LA COUR IMPÉRIALE DE BASTIA.	DES TRIBUNAUX DE 1er INSTANCE			DE BASTIA.	DES AUTRES VILLES ET CANTONS RURAUX.
						DE BASTIA.	DES AUTRES VILLES DU RESSORT.			
					fr. c.	fr. c.	fr. c.		fr. c.	fr. c.
Rôle des pièces dont il est donné copie avec les actes	Art. 22, Décret du 16 fév. 1807.	20	10	400	» »	» »	» »		» 22 1/2	» 20
Rôle des copies de pièces données avec l'exploit d'a-journement et autres ac-tes	Art. 25 § 1er, Décret du 16 fév. 1807.	20	10	400	» »	» »	» »		» 22 1/2	» 20
Rôle des copies de pièces en matière d'expropria-tion pour cause d'utilité publique	Art. 5. Ordonnance du 18 sept. 1855. . .	28	14 à 16	896	» »	» »	» »		» 30	» 30

NOTA. Si les copies sont dressées et certifiées par un avoué, il perçoit l'émolument alloué à l'huissier
par les articles 22, 25 du décret du 16 février 1807 et 5 de l'ordonnance du 18 septembre 1833.

§ 11. COPIES DE TITRES OU PIÈCES signifiées *dans le cours des instances* où le ministère des Avoués est obligatoire.

NATURE DES ACTES.	ARTICLES DES TARIFS.	COMPOSITION DES RÔLES.			DROITS DUS AUX AVOUÉS			DROITS DUS AUX HUISSIERS DES CANTONS	
		Nombre de lignes à la page.	Nombre de syllabes à la ligne.	Total des syllabes par rôle.	DE LA COUR IMPÉRIALE DE BASTIA.	DES TRIBUNAUX DE 1re INSTANCE DE BASTIA.	DES AUTRES VILLES DU RESSORT.	DE BASTIA.	DES AUTRES VILLES ET CANTONS RURAUX.
					fr. c.	fr. c.	fr. c.	fr. c.	fr. c.
Rôle des copies de pièces données avec les défenses ou signifiées dans les causes.	Art 72, § 2, Décret du 16 fév. 1807.	25	12	600	» 40 1/2	» 27	» 25	» »	» »
	Art. 28, § 1er, Décret du 16 fév. 1807.	20	10	400	» »	» »	» »	» 22 1/2	» 20
Rôle d'expéditions de jugements.	Art. 39, Décret du 16 fév. 1807, et 6 de la loi du 21 ventose an 7.	20	8 à 10	400	» 40 1/2	» 27	» 25	» »	» »
	Art. 28, § 1er, Décret du 16 fév. 1807.	20	10	400	» »	» »	» »	» 22 1/2	» 20

Le total de la taxe est porté au bas de l'état des dépens adjugés; il est signé du juge qui y aura procédé et du greffier (1).

Lorsque le montant des dépens n'aura pas été mentionné dans l'expédition de l'arrêt ou du jugement, il en sera délivré exécutoire.

L'exécutoire est donné au nom de la Cour ou du Tribunal; il est signé par le président et le greffier et celui-ci en délivre expédition en forme exécutoire (2).

En matière sommaire, la liquidation des dépens doit être comprise dans les arrêts ou jugements. — A cet effet, l'avoué qui aura obtenu la condamnation remettra, *dans le jour,* au greffier tenant la plume à l'audience l'état des dépens adjugés. — La liquidation en sera faite par l'un des juges qui ont concouru à la décision et le résultat inséré dans le dispositif de l'arrêt ou du jugement.

Si l'avoué néglige de remettre son rôle de frais, le président peut liquider lui-même les dépens sur les pièces produites et eu égard à l'importance de la cause.

Si les dépens ne sont pas liquidés dans l'arrêt ou le jugement, il est procédé à leur liquidation comme en matière ordinaire; mais les frais de l'exécutoire restent à la charge de la partie qui l'obtient, — ou à celle de l'avoué, si l'exécutoire est délivré en sa faveur.

Nous terminons ici ces observations. — Nous n'avons pas voulu écrire un traité sur la taxe des dépens en matière civile; — mais uniquement

---

(1) Dans un grand nombre de Cours et de Tribunaux, les avoués se communiquent leurs rôles de frais avant de les remettre au greffe conformément aux Articles 1 et 3 du Décret relatif à la taxe des dépens du 16 février 1807. — L'avoué qui reçoit une semblable communication appose son *vu* au bas du rôle, — ou bien il y consigne ses *observations,* si l'état des frais exposés ne lui paraît pas irréprochable. — Mais il doit être bien entendu que l'examen fait par l'avoué ne saurait tenir lieu du contrôle que le juge taxateur est chargé d'exercer sur l'ensemble du rôle. — Les avoués sont personnellement trop intéressés dans les questions de taxe pour que l'on puisse attendre de leur part une bien sévère critique des mémoires de dépens qui leur sont soumis. — L'usage que nous signalons est incontestablement utile; nous croyons qu'il devrait être adopté dans tous les sièges; — mais il n'offre pas une suffisante garantie de la régularité des rôles de frais. — Après l'avoué, le magistrat doit intervenir; c'est à lui que la loi confie le soin de la liquidation des dépens; — il apprécie les *observations* dont le rôle a pu être l'objet; il supplée à celles qui n'ont pas été faites, et les avoués et les parties trouvent devant lui protection et justice.

(2) Décision de S. Exc. M. le Garde des Sceaux du 25 juin 1857, V. Supplém. page 67.

— XXXI —

appeler l'attention des taxateurs sur des difficultés qui, trop souvent, passent inaperçues. — Heureux, si ces pages que nous livrons à la publicité, en cédant à d'honorables instances, pouvaient contribuer à introduire dans la rédaction des rôles de frais et particulièrement dans l'opération de la taxe cette uniformité de règles et de pratiques qui est la plus efficace garantie des intérêts des justiciables.

Bastia, le 1er mai 1857.

CALMÈTES,

Premier Président de la Cour Impériale de Bastia.

ROLE DES FRAIS *exposés par le sieur P. R., propriétaire, demeurant et domicilié à*

ayant M^e *pour avoué, contre le sieur N. N., propriétaire, demeurant et domicilié*

à *ayant M^e* *pour avoué, lesquels frais ont été mis en totalité à la charge dudit*

sieur N. N., par arrêt définitif de la Cour impériale de Bastia, chambre civile, en date du

Affaire ordinaire.

SOMMES allouées par le magistrat taxateur.	ARTICLES des TARIFS.	Nos d'ordre.	DÉNOMINATION DES ACTES.	Déboursés.	Émoluments.
fr. c.	Décret du 16 février 1807.			fr. c.	fr. c.
18 »	Art. 68	1	Droit de consultation sur l'appel	» »	18 »
4 54	— 70 § 1er . . .	2	Constitution d'avoué, rédaction et signification . .	2 85	1 69
14 5	— 90 § 11 . . .	5	Consignation de l'amende, timbre et vacation . . .	12 »	2 3
8 03	— 90 § 1er . . .	4	Mise au rôle de la cause et vacation	6 »	2 5
» 55	»	5	Timbre pour les conclusions de l'arrêt de défaut-joint en date du pris par l'avoué N. . . .	» 55	» »
4 5	— 82	6	Assistance de l'avoué à la prononciation dudit arrêt.	» »	4 5
7 25	»	7	Enregistrement de la minute et timbre	7 25	» »
5 41	— 87 § 1er . . .	8	Timbre et rédaction des qualités.	» 55	5 6
7 70	»	9	Expédition dudit arrêt, timbre, enregistrement et droit de greffe compris (4 rôles).	7 70	» »
4 45	»	10	Signification du même arrêt à la partie défaillante.	4 45	» »
4 5	— 85	11	Remise de cause (Voir le Bulletin, n°). . . .	» »	4 5
4 5	— 85	12	Remise de cause (Voir le Bulletin, n°). . . .	» »	4 5
4 5	— 83	15	Assistance à la position de qualités	» »	4 5
57 50	— 72 (§ 1er) et 75 .	14	Requête en griefs contenant 10 rôles et signification d'icelle.	5 55	55 75
2 70	Jurisprudence de la Cour.	15	Droit de rédaction des conclusions motivées déposées sur le bureau de la Cour.	» »	2 70
2 5	Art. 90 § 2. . . .	16	Communication des pièces au ministère public. . .	» »	2 5
4 5	— 91 § 1er . . .	17	— à l'avoué contraire sur récépissé ou par la voie du greffe	» »	4 5
4 54	— 70 § 27 . . .	18	Notification du décès de l'une des parties en cause, timbre, signification et rédaction compris. . . .	2 85	1 69
2 25 5/4	— 27 § 2. . . .	19	Assignation en reprise d'instance	2 25 5/4	» »
11 29	— 74 § 14 . . .	20	Acte de reprise d'instance, signification et rédaction comprises.	2 85	8 44
25 80	— 75 § 19 . . .	21	Requête contenant contestation sur la reprise d'instance (6 rôles).	5 55	20 25
4 54	— 70 § 12 . . .	22	Sommation de communiquer les pièces employées dans la cause et rédaction d'icelle.	2 85	1 69
4 5	— 86 § 1er . . .	25	Assistance aux plaidoiries et prononcé de l'arrêt définitif qui statue aussi sur la reprise d'instance .	» »	4 5
20 25	— 80 § 1er . . .	24	Plaidoirie de l'avocat	20 25	» »
1 12 1/2	— 157	25	Appel de la cause par l'huissier	1 12 1/2	» »
15 25	»	26	Enregistrement de l'arrêt définitif; timbre, répertoire, mention et état.	15 25	» »
16 20	— 87 (§ 2) et 88.	27	Rédaction des qualités et signification d'icelles. .	5 55	12 65
2 5	— 90 § 9. . . .	28	Vacation au règlement des qualités.	» »	2 5
5 25	Décret supplémentaire du 16 février 1807.	29	Rédaction du présent état (10 c. par article) et timbre.	» 55	2 90
258 60 1/4				97 56 1/4	141 24

RÉCAPITULATION :

Déboursés 97 46 1/4   258 60 1/4
Émoluments 141 24

Somme égale 238 70 1/4

CERTIFIE *le présent état de frais s'élevant à la somme de deux cent trente-huit fr. soixante cent. et un quart.*
Bastia, le

(Visa ou observations de l'avoué contraire.)   (Signature de l'avoué.)

Déléguons M. le Conseiller
à l'effet de taxer le présent mémoire de frais.
Bastia, le

LE PREMIER PRÉSIDENT,

RÉSUMÉ

DE LA

JURISPRUDENCE DE LA COUR IMPÉRIALE DE BASTIA

ET

SOLUTIONS A CONSULTER

SUR LA LIQUIDATION DES DÉPENS EN MATIÈRE CIVILE.

PARAGRAPHE I.ᵉʳ

MATIÈRES SOMMAIRES.

Iʳᵉ QUESTION.

Quelles sont les causes qui doivent être taxées comme
en matière sommaire?

Sont réputés matières sommaires et doivent être taxés comme tels :

I. Les appels des juges de paix (art. 404, Cod. Proc. Civ.);

II. Les demandes pures personnelles, à quelque somme qu'elles puissent monter, quand il y a titre, pourvu qu'il ne soit pas contesté (art. 404, Cod. Proc. Civ.);

III. Les actions personnelles et mobilières jusqu'à la valeur de 1,500 francs de principal, fondées ou non sur un titre, — et les actions immobilières jusqu'à 60 francs de revenu déterminé soit en rente, soit par prix de bail (art. 1ᵉʳ de la loi du 11 avril 1838, et 404, Cod. Proc. Civ.);

IV. Les demandes provisoires; (art. 404, Code Proc. Civ.)

V. Les demandes en paiement de loyers et fermages ou arrérages de rentes; — ces demandes ne changent pas de nature, quelles que soient les exceptions opposées; (art. 404, Code Proc. Civ.)

VI. Toutes les causes qui seront déclarées, sur l'appel, avoir été jugées en dernier ressort (art. 1ᵉʳ de la loi du 11 avril 1838), — telles que :

1° Les demandes en reddition de compte, si la somme réclamée pour le reliquat n'excède pas 1,500 fr.;

2° Les demandes en validité ou en main-levée d'opposition ou de saisie-arrêt, et les demandes en déclaration affirmative, si la somme pour laquelle l'opposition ou la saisie-arrêt ont été faites n'excède pas 1,500 fr., — ou si, excédant ce chiffre, le titre qui leur sert de fondement n'est pas contesté;

3° Les demandes en validité ou en nullité d'opposition aux saisies-exécution, ainsi que les demandes en nullité de ces saisies, lorsque la saisie a été pratiquée pour une somme inférieure à 1,500 fr. (Voir n° 7, § 10);

4° L'opposition à un commandement, si le commandement n'a pour cause qu'une somme inférieure à 1,500 fr.;

5° L'opposition à un commandement ayant pour objet une somme même supérieure à 1,500 fr., si le titre n'est pas contesté;

6° La demande en main-levée d'une inscription hypothécaire, si la créance inscrite n'excède pas 1,500 fr.;

7° La demande en validité ou en nullité d'offres réelles, lorsque la somme offerte est inférieure à 1,500 fr. et que la validité ou la nullité des offres est l'objet principal du litige;

8° La demande en paiement d'une somme inférieure à 1,500 fr., bien que le défendeur repousse incidemment la qualité d'héritier qu'on lui attribue;

9° La demande en paiement d'une somme supérieure à 1,500 fr., si elle est formée contre plusieurs débiteurs non solidaires, ou non tenus hypothécairement pour le tout et dont chacun ne doit supporter qu'une part inférieure à ce chiffre; ou si, étant dirigée contre un seul débiteur ou plusieurs débiteurs solidaires, elle est formée par divers créanciers ayant chacun droit à une fraction inférieure à 1,500 fr., etc., etc., etc.

VII. Les demandes qui requièrent célérité (art. 404, Cod. Proc. Civ.), — telles que :

1° Les demandes en main-levée d'opposition au mariage (art. 177, 178, Cod. Nap.);

2° Les exclusions et destitutions de tuteur (art. 449, Cod. Nap.)

3° Les demandes en résiliation de baux, lorsqu'il y a péril en la demeure (art. 1722, 1729, 1732, 1766, Cod. Nap.);

4° Les demandes en validité ou en nullité de congé (art. 1736, Cod. Nap.);

5° Les demandes formées par assignation à bref délai, à moins que le défendeur n'ait fait déclarer que la cause ne requérait pas célérité, ou que le motif d'urgence n'ait cessé par l'adoption d'une mesure provisoire ou de toute autre manière; (Art. 18, Décret du 30 mars 1808.)

6° Les demandes en reconnaissance et vérification d'écritures, excepté dans le cas où l'écriture est méconnue, tant en matière sommaire qu'en matière ordinaire (art. 193, Cod. Proc. Civ.);

7° Les demandes en règlement de juges (art. 365, Cod. Proc. Civ.);

8° Les demandes en paiement de pensions alimentaires;

9° La liquidation de dommages-intérêts (art. 523 et 524, Cod. Proc. Civ.);

10° La demande en validité ou en nullité d'opposition à une saisie-exécution, ainsi que la demande en nullité de cette saisie, quelle que soit la valeur des causes de l'exécution (art. 583, Cod. Proc. Civ.);

11° Les demandes en revendication d'objets saisis (art. 608, Cod. Proc. Civ.);

12° La demande en validité de saisies-gageries, soit sur le locataire ou le fermier, soit sur le débiteur forain (art. 824, Cod. Proc. Civ.);

13° La demande en validité d'une saisie-revendication d'effets mobiliers, dans le cas de dépôt, de déplacement de meubles par le locataire ou fermier, de vente d'effets mobiliers non payés, de perte ou de vol de meubles (art. 831, Cod. Proc. Civ.; 1926, 2102, n°s 1 et 4, Cod. Nap.) etc., etc., etc.

14° La demande en validité d'opposition à l'ordonnance d'exécution d'une sentence arbitrale (art. 1028, Cod. Proc. Civ.)

15° La demande formée contre les experts en remise de leur rapport (art. 319, 320, Cod. Proc. Civ.);

16° La demande à fin de défenses contre les jugements mal à propos qualifiés en dernier ressort, ou dont l'exécution provisoire a été ordonnée hors des cas prévus par la loi; ainsi que les demandes à fin d'exécution provisoire des jugements non qualifiés ou mal à propos qualifiés en premier ressort, ou de ceux qui n'auraient pas prononcé l'exécution provisoire dans les cas où elle aurait dû être ordonnée (art. 457, 458, 459, Cod. Proc. Civ.; — 148 du Tarif); etc., etc., etc.

VIII. Les réceptions de caution en vertu d'un jugement (art. 521, Cod. Proc. Civ.);

IX. Les contestations sur contribution (art. 666, Cod. Proc. Civ.);

X. L'appel du jugement sur ces contestations (art. 669, Cod. Proc. Civ.);

XI. Les contestations sur ordre (art. 761, Cod. Proc. Civ.);

XII. L'appel du jugement sur ces contestations (art. 765, Cod. Proc. Civ.);

XIII. Les instances d'ordre introduites par action principale (art. 775, Cod. Proc. Civ.);

XIV. La demande en subrogation à la poursuite d'ordre (art. 779, Cod. Proc. Civ.);

XV. La demande en nullité de l'emprisonnement (art. 795, Cod. Proc. Civ.);

XVI. La demande en élargissement du débiteur incarcéré (art. 805, Cod. Proc. Civ.);

XVII. Les appels des ordonnances sur référé (art. 809, Cod. Proc. Civ.);

XVIII. Les demandes en nullité de surenchères par suite d'aliénations volontaires, soit qu'elles portent sur les vices de la procédure, soit qu'elles aient pour fondement l'insuffisance de la caution (art. 832, Cod. Proc. Civ.);

XIX. Les demandes en délivrance d'expéditions d'actes formées contre un notaire ou autre dépositaire (art. 839, 840, Cod. Proc. Civ.);

XX. Les pourvois contre les délibérations des conseils de famille et les appels des jugements rendus en cette matière (art. 883, Cod. Proc. Civ.);

XXI. Les contestations relatives aux partages, lorsque les difficultés qui s'élèvent au lieu de porter sur le fond du droit, c'est-à-dire sur la qualité des parties, les avantages indirects, les rapports, la réduction des dispositions excessives, la validité des testaments, etc., ne se réfèrent qu'à la forme, à la manière de procéder au partage, ou même à la nécessité ou à la possibilité actuelle d'y procéder (art. 966 et suiv. Cod. Proc. Civ.);

Cette distinction doit s'appliquer aux partages de communauté et de société, ainsi qu'aux partages ou licitations d'immeubles possédés indivisément, même à titre non héréditaire (art. 1476, 1872, Cod. Nap.);

XXII. Les contestations portées devant un tribunal civil sur la question relative à l'admission provisoire au passif d'une faillite (art. 500 Cod. Comm.);

XXIII. Les appels des jugements des tribunaux de commerce, même lorsqu'ils sont attaqués pour cause d'incompétence (art. 648, Cod. Comm.);

XXIV. Les actions civiles intentées par les communes ou dirigées contre elles relativement à leurs chemins (Loi du 21 mai 1836, art. 20.);

XXV. Les demandes en nullité de ventes d'animaux domestiques pour vices rédhibitoires (Loi du 20 mai 1838, art. 6.);

XXVI. Les demandes fondées sur les lois relatives aux irrigations (L. 29 avril, 1er mai 1845, 11 et 15 juillet 1847.);

XXVII. Les demandes en paiement de frais, formées par les officiers ministériels contre leurs parties (art. 147 du tarif.);

XXVIII. Les contestations incidentes aux poursuites de saisie de rentes constituées (art. 650, Cod. Proc. Civ.);

XXIX. Les incidents à la poursuite de saisie-immobilière, même ceux fondés sur le défaut de qualité du saisissant, la nullité de son titre, ou la libération du saisi (art. 718, Cod. Proc. Civ.);

N'ont pas le caractère d'incidents et doivent être taxées comme en matière ordinaire les contestations qui soulèvent incidemment une question de propriété des biens saisis, ou qui tendent à faire déclarer ces biens insaisissables.

IIe QUESTION.

Dans les appels des jugements sur la compétence doit-il être alloué une requête de six rôles?

Il est passé en taxe, sur l'appel des jugements relatifs à la compétence, la requête de six rôles autorisée par l'art. 75 du tarif.

Il en est de même des requêtes autorisées par le même article sur la péremption d'instance et autres exceptions ou incidents.

IIIe QUESTION.

Qu'est-il dû, en matière sommaire, pour les arrêts de jonction de défaut?

Il est alloué, pour un arrêt de défaut profit joint, le droit accordé par les §§ 2, 3 et 4 de l'art. 67 du tarif.

IVe QUESTION.

Est-il dû, en matière sommaire, un droit pour les arrêts interlocutoires et préparatoires, tels que jonctions d'instances, apports de livres, etc.?

Il est alloué pour tous arrêts préparatoires ou interlocutoires, s'ils sont rendus par défaut, la moitié du droit accordé par les §§ 2, 3 et 4 de l'art. 67, et, s'ils sont rendus contradictoirement, la moitié du droit accordé par les §§ 5, 6 et 7 dudit article.

Cette règle est applicable, avec la même distinction, à tout arrêt qui ne termine pas l'instance d'appel, lors même qu'il contiendrait des dispositions définitives.

Ve QUESTION.

Dans quels cas y a-t-il lieu d'allouer aux avoués le quart en sus énoncé dans l'art. 67, § 10 du tarif?

Le quart en sus énoncé dans le § 10 de l'art. 67 n'est alloué, tant en demandant qu'en défendant, que lorsqu'il y a plus de deux parties en cause et si elles ont chacune des intérêts contraires; ce droit n'est accordé qu'à l'avoué qui aura suivi contre chacune des autres parties, en prenant contre elles *des conclusions différentes.*

Il est, dans ce cas, alloué autant de quarts qu'il y a de parties contre lesquelles des conclusions différentes auront été prises.

Ce droit est dû tant pour les arrêts préparatoires et interlocutoires que pour les arrêts définitifs.

Le quart en sus obtenu par un avoué en vertu du § 10 de l'art. 67 sera pris en considération pour la fixation du droit qui lui est dû pour dressé des qualités et signification de l'arrêt à avoué en vertu du § 12 de l'art. 67.

VIe QUESTION.

Est-il dû en matière sommaire, comme en matière ordinaire, un droit pour chaque copie des qualités et des arrêts signifiés?

Il doit être passé en taxe à l'avoué un droit de copie pour les qualités et les arrêts signifiés à avoué ou à domicile.

VIIe QUESTION.

Dans les questions d'incompétence, contrainte par corps et autres de même nature, quelle somme faut-il allouer pour l'arrêt définitif?

Le droit d'obtention de l'arrêt dans les questions d'incompétence, contrainte par corps et autres de même nature, est déterminé par la quotité de la demande ou par la somme des intérêts engagés.

VIIIe QUESTION.

En matière sommaire, faut-il taxer comme arrêts définitifs ceux qui démettent par défaut d'une opposition et ceux qui ne deviennent définitifs que parce qu'il n'a pas été formé opposition dans les délais?

L'arrêt qui démet par défaut d'une opposition formée à un précédent arrêt de défaut, doit être taxé comme arrêt définitif.

Au contraire, l'arrêt de défaut qui n'est devenu définitif qu'en l'absence d'une opposition dans les délais, ne doit être taxé que comme arrêt par défaut.

IX° QUESTION.

Le droit alloué pour frais de port de pièces et de correspondance par l'art. 145 du tarif, est-il dû en matière sommaire?

Il n'est dû aucun honoraire à l'avoué pour correspondance et port de pièces; — mais il lui est tenu compte de ses déboursés (1).

X° QUESTION.

Est-il dû à l'Avocat un droit de plaidoirie en matière sommaire?

Il n'est passé en taxe aucun droit pour la plaidoirie de l'Avocat.

XI° QUESTION.

Les frais de voyage sont-ils dus à la partie?

Il n'est alloué aucuns frais de voyage à la partie qui a obtenu gain de cause.

XII° QUESTION.

Est-il dû à l'avoué un émolument pour les conclusions signifiées en matière sommaire?

Il ne peut être passé en taxe que les déboursés des conclusions signifiées. (Voir § 4, Question Ire.)

XIII° QUESTION.

Les conclusions signifiées sur l'appel, en matière d'ordre, doivent-elles être passées en taxe? — En est-il de même de la réponse de l'appelant, si l'intimé relève appel incident?

Les conclusions motivées, autorisées par l'art. 765 du Code de Procédure Civile, sont allouées à l'avoué de l'intimé.

---

(1) Devant la Cour impériale de Bastia, ces déboursés sont fixés par abonnement, ainsi qu'il suit :

    à 3 fr. si la demande n'excède pas 1000 fr.

    à 6 fr. si elle est de 1001 fr. — à — 5000 fr.,

    à 9 fr. si la demande est supérieure à 5000 fr.

Si la valeur de l'objet de la contestation est indéterminée, le juge alloue l'une des sommes ci-dessus indiquées.

b

Est également passée en taxe la requête de l'appelant, lorsqu'il aura à répondre aux griefs d'un appel incident (1).

XIVᵉ QUESTION.

Le droit de consultation est-il dû en matière de péremption d'instance, d'intervention, de tierce-opposition et de requête civile ?

Le droit de consultation n'est pas dû sur une demande en péremption d'instance.

Il est alloué, au contraire, à l'avoué de l'intervenant si la demande en intervention est formée dans une instance ordinaire.

Le droit n'est dû, sur la tierce-opposition et la requête civile, que lorsqu'elles sont formées par action principale.

XVᵉ QUESTION.

Les droits alloués à l'avoué révoqué sont-ils dus également dans le cas où l'avoué est dessaisi des pièces par suite d'une demande en péremption d'instance ?

Le droit alloué à l'avoué par le § 15 de l'art. 67 dans le cas de révocation n'est pas dû si l'avoué se trouve dessaisi par suite d'une demande en péremption d'instance.

---

(1) D'après les règles suivies, en matière de taxe, devant la Cour Impériale de Bastia, les conclusions motivées de l'intimé et la requête contenant la réponse aux griefs d'un appel incident, ne doivent point excéder

6 rôles, si l'objet du contredit ne s'élève pas au-dessus de 1,501 fr. ;

12 rôles, s'il est dans la limite de 1,501 à 5,000 fr. ;

18 rôles, s'il est supérieur à 5,000 fr.

Si l'objet du contredit est d'une valeur indéterminée, le juge arbitre le nombre de rôles qu'il y a lieu d'allouer, sans pouvoir, toutefois, excéder 18 rôles.

PARAGRAPHE II.

MATIÈRES ORDINAIRES [1].

Ire QUESTION.

Le droit de communication au Parquet est-il dû dans toutes les affaires communicables, ou seulement dans celles réellement communiquées, et le visa du Parquet est-il nécessaire?

Le droit de communication au Parquet n'est alloué, dans les affaires sujettes à communication, que lorsque la communication a eu lieu et qu'elle est justifiée par un visa du Parquet.

Ce droit est accordé, dans les affaires non sujettes à communication, lorsque la communication aura été requise par le Ministère Public ou ordonnée par la Cour.

Il est passé en taxe autant de droits qu'il y aura de communications jugées nécessaires.

Les demandes formées par les avoués contre leurs parties, en paiement de leurs états de frais, seront toujours communiquées au Ministère Public, sans qu'il puisse être exigé un droit de communication.

IIe QUESTION.

Les remises de cause doivent-elles être passées en taxe?

En matière ordinaire, il peut être accordé, indépendamment de l'assistance à la position des qualités, deux droits de remise.

Il n'en est alloué d'autres que lorsque les remises auront été nécessitées par l'état de la cause et ordonnées par arrêt. La date de l'arrêt et le motif de la remise seront indiqués dans l'état de frais [2].

---

(1) V. § 1er, Quest. 1re, n° 29 in fine.
(2) V. Modèle du *Bulletin de remise de cause*, pag. 16.

IIIe QUESTION.

Les copies des requêtes doivent-elles être signifiées à tous les avoués, ou seulement à ceux qui ont des intérêts opposés ? — L'avoué a-t-il droit à un émolument pour chaque copie signifiée ?

Le droit de copie est dû, pour chaque copie de la requête, signifiée à tous les avoués de la cause indistinctement.

IVe QUESTION.

Est-il dû pour frais de voyage 3 fr. par myriamètre parcouru pour aller et autant pour le retour, ou bien 3 fr. pour l'aller et le retour seulement ? — Doit-on avoir égard à la résidence actuelle de la partie ? — Que faut-il décider pour l'étranger ?

Les frais de voyage ne sont dus, pour aller, séjour et retour, qu'à raison du nombre de myriamètres une fois comptés, entre le domicile de la partie et le tribunal où le procès est pendant.

Ils doivent toujours être calculés à partir du domicile réel sans avoir égard à la résidence momentanée de la partie.

Pour l'étranger, ils ne sont dus qu'à partir de la frontière.

PARAGRAPHE III.

EXCEPTIONS ET INCIDENTS.

————

QUESTION UNIQUE.

Suivant quelle règle les incidents et les exceptions doivent-ils être taxés ?

Les exceptions et les incidents seront taxés comme en matière ordinaire ou sommaire, selon la nature de l'instance dans laquelle ils se sont produits; — cette règle est applicable :

1° A la demande dirigée contre l'étranger demandeur à fin de le contraindre à fournir caution (art. 166, Cod. Proc. Civ.);

2° A la demande en renvoi ou déclinatoire (art. 172 ibid.);

3° A la demande en nullité d'un exploit ou acte de procédure formée incidemment à une demande principale (art. 173 ibid.);

4° A la demande à fin d'obtenir un nouveau délai pour faire inventaire et délibérer (art. 174 ibid.);

5° A l'opposition formée par le demandeur à ce que le défendeur appelle garant en cause (art. 180 ibid.);

6° A la demande en communication ou en restitution des pièces (art. 188 et suiv. ibid.);

7° A la demande à fin d'être autorisé à faire une enquête (art. 252 ibid.);

8° A la demande en prorogation d'enquête (art. 279 ibid.);

9° Aux reproches des témoins (art. 287 ibid.);

10° Aux récusations d'experts (art. 311 ibid.);

11° Aux demandes incidentes (art. 337 et 406 ibid.);

12° Aux demandes en intervention (art. 339 et 406 ibid.);

13° Aux demandes en reprise d'instance ou en constitution de nouvel avoué (art. 346, 348 ibid.);

14° Aux demandes en péremption d'instance (art. 400 ibid.);

15° Aux demandes à fin de compulsoire (art. 847 ibid.);

Les appels des jugements intervenus dans ces sortes d'affaires sont instruits et taxés d'après la même règle (V. § 1er, Quest. 1re, N° 29 in fine).

PARAGRAPHE IV.

DISPOSITIONS COMMUNES AUX DEUX MATIÈRES.

1re QUESTION.

Que faut-il allouer pour les conclusions motivées déposées à l'audience?

Il est alloué aux avoués, en toute matière, pour les conclusions motivées déposées à l'audience, un droit de 2 fr. 70 c.

Lorsqu'une requête aura été signifiée, la signification d'aucun autre acte de conclusions ne pourra être portée en taxe.

IIe QUESTION.

L'arrêt intervenu sur l'appel d'un jugement interlocutoire doit-il être passé en taxe comme arrêt interlocutoire ou comme arrêt définitif?

L'arrêt qui, en statuant sur l'appel d'un jugement interlocutoire, démantit la Cour, est considéré comme arrêt définitif, soit qu'il confirme le jugement, soit qu'il le réforme; — il y a lieu, dans ce cas, d'allouer à l'avoué le droit d'obtention d'un arrêt définitif.

IIIe QUESTION.

Quel est l'émolument dû à l'avoué pour un arrêt qui rejette l'appel par un moyen de forme?

Le droit d'obtention de l'arrêt qui rejette l'appel par fin de non-recevoir fondée sur un moyen de forme, est le même que si l'appel avait été repoussé par un moyen du fond, eu égard, d'ailleurs, à la nature de l'affaire.

IVe QUESTION.

Les expéditions des titres produits devant la Cour doivent-elles passer en taxe?

Doivent être passées en taxe les expéditions des titres dont l'apport aura été ordonné par arrêt.

Il en est de même de ceux que le magistrat taxateur estime avoir été d'une absolue nécessité pour justifier la demande ou l'exception.

Dans tous les cas, le titre ne sera compris dans la taxe que lorsqu'il aura été expédié pendant l'instance d'appel.

Ve QUESTION.

L'avoué de la partie qui succombe peut-il être admis à faire taxer son rôle de frais contre sa partie sans assignation préalable?

Les avoués ont une action directe contre leurs propres clients en paiement des dépens qui leur sont dûs, — mais ils n'ont point le droit de faire taxer leurs rôles sans assignation préalable devant le tribunal où les frais ont été exposés.

Ils peuvent, toutefois, les soumettre, par exception, à l'approbation d'un magistrat taxateur désigné par le Premier Président, lorsqu'il s'agit d'une commune, d'une administration ou établissement publics ou d'un incapable.

Dans ces divers cas les rôles de frais peuvent comprendre les honoraires payés à l'avocat sur sa quittance, ainsi que les frais d'impression et autres déboursés utiles qui seront justifiés (art. 60, Cod. Proc. Civ. — 9 du décret du 16 février 1807. — 147 du tarif).

COUR IMPÉRIALE

DE BASTIA.

———

ARTICLE 49

DU RÈGLEMENT DE LA COUR.

———

Les remises de cause qui doivent passer en tête sont constatées par des bulletins portant le visa du président et la signature du greffier.

Lorsque la remise aura été ordonnée par arrêt, le bulletin indiquera la date de l'arrêt et le motif de la remise.

BULLETIN DE REMISE DE CAUSE.

Cᵒ

Avoué   *Avoué*

Remise de cause du   185

Motif de la remise. }

Délivré par le Greffier en chef.

Vu par nous Premier Président
de la Cour Impériale de Bastia.

TARIF LÉGAL

POUR LA TAXE DES DÉPENS EN MATIÈRE CIVILE

DEVANT

LA COUR IMPÉRIALE DE BASTIA

ET LES DIVERSES JURIDICTIONS DE SON RESSORT.

ARTICLES des Tarifs, Décrets et Ordonnances relatifs à la taxe des dépens.	ARTICLES de CODE DE PROCÉDURE CIVILE.	NATURE DES ACTES.	COUR IMPÉRIALE de BASTIA.	TRIBUNAUX DE 1er INSTANCE de BASTIA.	des AUTRES VILLES DU RESSORT.	CANTONS RURAUX.

TITRE 1er

DES HUISSIERS.

§ I. — Actes de 1re Classe.

Décret du 16 février 1807.			f. c.	f. c.	f. c.	f. c.
Art. 27 § 2, et 29 § 21.	Art. 456	Exploit d'ajournement. — Original d'un acte d'appel de jugements des Tribunaux de 1re instance et de commerce	1 80	1 60	1 50	1 50
29 § 1er	— 69.	Copie	Le 1/4 (= 45)	Le 1/4 (= 15)	Le 1/4 (= 37 1/2)	Le 1/4 (= 37 1/2)
29 § 1er	— 69.	Copies de pièces données avec l'exploit d'ajournement, etc. — par rôle.	» 22 1/2	» 22 1/2	» 90	» 90
69.	— 121	Sommation d'être présent à la prestation d'un serment volontaire; — Signification de jugement à domicile; — Exploit de saisie-arrêt, — ou la dénonciation au saisi; — du commandement pour parvenir à une saisie-exécution, etc., etc. . . .	1 80	1 80	1 50	1 50
		Copie	Le 1/4 (= 45)	Le 1/4 (= 45)	Le 1/4 (= 37 1/2)	Le 1/4 (= 37 1/2)

§ II. — Actes de seconde classe et procès-verbaux.

30.	— 45	Original de la réception du juge de paix . . .	» »	2 75	2 95	2 95
		Copie	» »	Le 1/4 (= 67 1/2)	Le 1/4 (= 55)	Le 1/4 (= 55)
31.	— 585 à 590 et 601.	Procès-verbal de vente-enchère dont la durée n'excède pas 2 heures, droit de libellé et copies compris	» »	7 80	6 »	6 »
		Vacations subséquentes, lumière et copies compris (pour chaque vacation de 3 heures)	» »	4 50	3 75	3 75
32.	— 587	Vacation du commissaire de police reçu pour assister à l'ouverture des portes et des meubles formant à clef	» »	4 50	3 75	2 50
33.	— 589	Vacation de l'huissier pour la réintégration des sommes entre les mains du dépositaire.	» »	1 50	1 50	1 50
34.	— 596	Frais de garde pendant les deux premiers jours (pour chaque journée)	» »	2 25	2 »	1 90
		Frais de garde pour chacune des journées postérieures aux douze premiers jours.	» »	» 90	» 90	» 90

ARTICLES du Tarif, Décrets et Ordonnances rendus à la suite des dépens.	ARTICLES du CODE DE PROCÉDURE CIVILE	NATURE DES ACTES	COUR IMPÉRIALE de BASTIA		TRIBUNAUX DE 1re INSTANCE		CANTONS RURAUX.
					de BASTIA.	des AUTRES VILLES DU RESSORT.	
Décret de 16 février 1807.			fr. c.		fr. c.	fr. c.	fr. c.
Art. 35.	— 606	Procès-verbal de récolement des objets saisis	» »		3 70	2 25	3 25
36.	Art. 611	Copie	Le 1/4 (» 37 1/2)		Le 1/4 (» 30)	Le 1/4 (» 30)	
		Simual procès-verbal contenant seulement la saisie des effets saisis, énumération de vendre, banalisa et 3 copies remises.					
37.	— 616	Pour une 2e copie s'il y a lieu	Le 1/4 (1 30)		Le 1/4 (1 12 1/2)	Le 1/4 (1 12 1/2)	
		Procès-verbal de récolement précédent la vente et énonçant les effets manquants, intérêts compris	3 40		3 50	3 50	
38.	— 617	Rédaction de l'original du placard à afficher	1 »		1 »	1 »	
		Placard manuscrit	» 50		» 50	» 50	
39.	— 619	Original de l'exploit constatant l'opposition des créanciers . .	3 70		3 25	3 25	
40.	— 619	Vacation de 3 heures à la saisie, procès-verbal compris . .	7 00		5 »	4 »	
41.	— 620, 621 . . .	Publication sur les lieux où se trouvent les barques, calèches et autres bâtiments.—Exposition de la vaisselle d'argent.— Pour chacune des deux premières publications ou expositions . . .	3 80		4 »	2 »	
42.	— 617	Procès-verbal de saisie pour chaque rôle d'expédition . . .	» 90		» 50	» 40	
		Vacation, pour faire taxer ses frais, à l'huissier qui a procédé à la vente	3 70		2 »	1 50	
43.	— 627	Vacation pour consignation des deniers provenant de la vente.	3 25		2 »	1 50	
		Procès-verbal de saisie-brandon dont la durée n'excède pas 3 heures	3 40		3 »	4 »	
44.	— 628	Pour chacune des vacations subséquentes	1 40		4 »	3 »	
		Copie desdits procès-verbaux	Le 1/4 (1 12 1/2)		Le 1/4 (1 »)	Le 1/4 (» 75)	

ARTICLES des Tarifs, Décrets et Ordonnances relatifs à la taxe des dépens.	ARTICLES du CODE DE PROCÉDURE CIVILE.	NATURE DES ACTES.	COUR IMPÉRIALE de BASTIA.		TRIBUNAUX DE 1re INSTANCE de BASTIA.		des AUTRES VILLES DU RESSORT.		CANTONS RURAUX.	
Décret du 16 février 1807.			fr.	c.	fr.	c.	fr.	c.	fr.	c.
		Frais dus au garde champêtre pour chaque journée de garde.	»	»	»	75	»	75	»	75
Art. 45.	Art. 626	— À tout autre que le garde champêtre.	»	»	1	25	1	25	1	25
49.	— 657	Exploit de saisie du fonds d'une rente constituée sur particulier contenant assignation au tiers-saisi	»	»	3	60	3	»	2	»
		Copie du même exploit.	»	»	Le 1/4 (» 90)		Le 1/4 (» 75)		Le 1/4 (» 75)	
51.	— 780	Original de la signification du jugement qui prononce la contrainte par corps avec commandement.	»	»	5	70	5	»	4	25
		Copie	N	»	Le 1/4 (» 17 1/2)		Le 1/4 (» 50)		Le 1/4 (» 31)	
52.	— 781	Vacation pour obtenir l'ordonnance du juge de paix à l'effet, par ce dernier, de se transporter dans le lieu où se trouve le débiteur contraint par corps	»	»	2	25	2	»	2	»
53.	— 782, 783	Procès-verbal d'emprisonnement d'un débiteur, y compris l'assistance de deux recors et l'écrou	»	»	54	92	40	»	30	»
54.	— 186	Vacation de l'huissier en référé, si le débiteur arrêté le requiert.	»	»	7	90	6	»	6	»
55.	— 789	Copie du procès-verbal d'emprisonnement et d'écrou. . . .	»	»	2	70	2	25	2	25
56.	— 790	Droit dû au gardien pour la transcription, sur le registre à ce destiné, du jugement portant contrainte par corps — pour chaque rôle d'expédition.	»	»	» 22 1/2		»	90	»	90
57.	— 792, 793	Acte de recommandation d'un débiteur emprisonné sans assignation de recors.	»	»	3	60	3	»	2	»
		Copies pour le débiteur et le geôlier.	»	»	Le 1/4 (» 90)		Le 1/4 (» 75)		Le 1/4 (» 75)	
58.	— 794	Signification du jugement qui annule l'emprisonnement et ordonne la mise en liberté du débiteur.	»	»	3	60	3	»	3	»
		Copie pour le geôlier.	»	»	Le 1/4 (» 90)		Le 1/4 (» 75)		Le 1/4 (» 75)	
59.	— 813	Procès-verbal d'offres, constatant le refus ou l'acceptation du créancier.	»	»	2	70	2	25	2	25

ARTICLES du Tarif, Décrets et Ordonnances spéciale à la taxe des dépens.	ARTICLES de CODE DE PROCÉDURE CIVILE.	NATURE DES ACTES.	COUR IMPÉRIALE de BASTIA.		TRIBUNAUX DE 1re INSTANCE				CANTONS RURAUX.	
					de BASTIA.		des AUTRES CHEFS-LIEU D'ARROND.			
Février de 14 février 1807.			fr. c.		fr. c.		fr. c.		fr. c.	
Art. 60.	Art. 1328 (Cod. Nap.).	Copie	» »		Le 1/4 (» 67 1/2)		Le 1/4 (» 50)		Le 1/4 (» 50)	
		Procès-verbal de reconnaissance de la vanneau ou de la chose offerte	» »		4 50		4 »		4 »	
61.	— 819, 822, 823. (Cod. Proc. Civ.).	Copie pour le créancier et le dépositaire	» »		Le 1/4 (1 12 1/2)		Le 1/4 (1 »)		Le 1/4 (1 »)	
		Procès-verbant de saisie-gagerie sur locataires et fermiers — et ceux de saisie des effets du détaleur forain (V. saisie-exécution, art. 21). Lesdits procès-verbaux et tant le reste de la poursuite sont taxés comme ceux de saisie-exécution.	» »		» »		» »		» »	
62.	— 869.	Procès-verbal de saisie-revendication s'il y a refus de porter les opposition à la saisie, contenant assignation en référé devant le juge, y compris les témoins	» »		4 50		4 »		4 »	
63.	— 901	Copie	» »		Le 1/4 (1 12 1/2)		Le 1/4 (1 »)		Le 1/4 (1 »)	
		Procès-verbal de réintégration de la créance par le débiteur failli à la maison communale, s'il n'y a pas de tribunal de commerce	» »		3 60		3 »		3 »	
64.	— 902	Procès-verbal d'extraction de la prison du débiteur failli à l'effet de faire la réédition de sa caution de biens, indépendamment du procès-verbal de ladite réédition	» »		5 40		5 »		5 »	
65.		Original de procès, intervention à procès et sommation d'inventaire, — toujé compris	» »		1 80		1 50		1 50	
		Original d'un procès avec perquisition, y compris la copie. .	» »		4 50		4 »		4 »	
		§III. — **Saisie-immobilière.**								
		Est ce qui concerne les événements des huissiers en matière de ventes judiciaires, V. pag. 49 et suiv.								
		§ IV. — **Dispositions générales relatives aux Huissiers.**								
66.	— 62, 67	Transport de l'huissier au-delà d'un demi-myriamètre, pour aller et retour	» »		1 »		1 »		1 »	
		Transport de l'huissier au-delà 2 ou myriamètre, — pour chaque demi-myriamètre, sans distinction	» »		2 »		2 »		2 »	

ARTICLES des Tarifs, Décrets et Ordonnances portant réglement à la taxe des dépens.	ARTICLES du CODE DE PROCÉDURE CIVILE.	NATURE DES ACTES.	COUR IMPÉRIALE de BASTIA.	TRIBUNAUX DE 1re INSTANCE de BASTIA.	TRIBUNAUX DE 1re INSTANCE des AUTRES VILLES DU RESSORT.	CANTONS RURAUX.
Décret du 16 février 1807. Art. 66.	Art. 66, 67	Visa de chacun des actes qui y sont assujettis	» »	» 90	» 75	» 75
		Droit pour l'huissier s'il est obligé de demander le visa au Procureur Impérial	» »	Le double (1 80)	Le double (1 50)	Le double (1 50)
		§ V. **Huissiers audienciers.**				
156, 157.	. . . .	Appel de cause sur le rôle et lors des jugements par défaut, interlocutoires et définitifs	1 12 ½	» 37	» 25	» »
156, 158.	. . . .	Signification de tout emploi d'avoué à avoué. — à l'ordinaire.	» 60	» 37	» 25	» »
		— — — — à l'extraordinaire . .	1 25	» 90	» 50	» »

ARTICLES des Tarifs Décrets et Ordonnances relatifs à la taxe des dépens	ARTICLES du CODE DE PROCÉDURE CIVILE	NATURE DES ACTES	COUR IMPERIALE de BASTIA	TRIBUNAUX DE 1er INSTANCE		CANTONS RURAUX
				de BASTIA	des AUTRES VILLES DU DÉPARTEMENT	
Décret du 16 fér. 1807.		**TITRE II.** **DES AVOUÉS.** CHAPITRE Ier. **Matières Sommaires.**	f. c.	f. c.	f. c.	f. c.
		§ 2. Obtention d'un *Jugement par défaut*, qualités et expéditions à icelui comprises, quand la demande n'excède pas 1,000 fr.	13 50	8 75	5 86 1/2	» »
		§ 3. quand la demande est de 1,201 à 5,000 fr.	18 »	9 »	7 50	» »
		§ 4. quand la demande excède 5,000 fr.	27 »	13 50	11 25	» »
		§ 5. Obtention d'un *Jugement contradictoire* quand la demande n'excède pas 1,000 fr.	27 »	13 50	11 25	» »
		§ 6. quand la demande est de 1,001 à 5,000 fr.	36 »	18 »	15 »	» »
		§ 7. quand elle excède 5,000 fr.	54 »	27 »	22 50	» »
Art. 97.	. . . .	§ 8. S'il y a lieu à enquête ou à visite et estimation d'experts ordonnés contradictoirement, et s'il est intervenu aussi jugement contradictoire sur l'enquête ou rapport d'experts, il est alloué en sus-droit.				
		§ 9. Copie des procès-verbaux d'enquête et d'expertise — par chaque rôle.	» 27	» 13 1/2	» 15	
		§ 10. S'il y a plus de deux parties en cause et si elles ont des intérêts contraires, il est alloué en sus-droit en sus des droits ci-dessus à l'avoué qui a tenu contre chacune des autres parties.				
		§ 11. S'il y a lieu à un interrogatoire sur faits et articles, il est passé à l'avoué de la partie à la requête de laquelle il a été subi, en sus-droit.				
		Copie du procès-verbal d'interrogatoire — par chaque rôle d'expédition	» 27	» 13 1/2	» 15	» »

ARTICLES des Tarifs, Décrets et Ordonnances relatifs à la taxe des dépens.	ARTICLES du CODE DE PROCÉDURE CIVILE	NATURE DES ACTES.	COUR IMPÉRIALE de BASTIA	TRIBUNAUX DE 1re INSTANCE		CANTONS RURAUX
				de BASTIA	des AUTRES VILLES DU RESSORT	
Décret du 16 Février 1807.			fr. c.	fr. c.	fr. c.	fr. c.
		§ 12. Pour dressé des qualités et de signification du jugement à avoué, le 1/4 du droit d'obtention du jugement contradictoire. — Savoir :				
		Quand la demande n'excède pas 1,000 fr.	6 75	3 37 1/2	2 81 1/4	» »
		Quand la demande est de 1,001 à 5,000 fr.	9 »	4 50	3 75	» »
Art. 67.	. . . .	Quand elle excède 5,000 fr.	13 50	6 75	6 62 1/2	» »
		§ 13. Si l'avoué est changé, ou si les pièces lui sont retirées, il lui est alloué, savoir :				
		§ 14. S'il y a eu constitution d'avoué avant l'obtention d'un jugement par défaut, moitié du droit accordé pour faire rendre un jugement par défaut.				
		§ 15. S'il a été obtenu un premier jugement par défaut ou un jugement interlocutoire, indépendamment de l'enrôlement pour ces jugements, moitié du droit d'obtention d'un jugement contradictoire.				
		CHAPITRE II.				
		§ 1er. Matières ordinaires.				
Art. 68.	Art. 60, 61, 72, etc . .	Droit de conciliation	18 »	9 »	7 50	» »
		§ II. — Actes de 1re classe.				
70.	— 72, 79, 88, 96, 104, 110, 115, 191, 145, 179, 189, 191, 204, 980, 912, 921, 924, 983, 985, 997, 990, 201, 205, 244, 254, 256, 378, 390, 430, 524, 574, 575, 578, 611	Original de constitution d'avoué; — Acte d'avoué à avoué pour suivre l'audience; — etc., etc., etc.	1 50	» 90	» 75	» »
		Copie.	Le 1/4 (» 33 1/4)	Le 1/4 (» 22 1/2)	Le 1/4 (» 18 3/4)	» »
71.	— 108, 245, 246, 256, 362, 380, 399, 314, 347, 357, 408, 540, 595, 620, 944, 855.	Acte de production nouvelle ou instruction par écrit; — etc.	6 75	4 50	3 75	» »
		Copie.	Le 1/4 (1 68 3/4)	Le 1/4 (1 19 1/2)	Le 1/4 (» 93 3/4)	» »

ARTICLES des Tarifs, Décrets et Ordonnances relatifs à la taxe des dépens.	ARTICLES du CODE DE PROCÉDURE CIVILE.	NATURE DES ACTES.
Décret du 16 février 1807.		§ IV. — **Des Requêtes et défenses qui peuvent être grossoyées et des copies de pièces.**
		Original ou grosse des *requêtes* servant de *défenses* aux demandes . . . .
Art. 72.	Art. 77	Copies de pièces données avec les *défenses*, — pour chaque rôle . . . .
		Original ou grosse des *requêtes* en réponse aux *défenses*, par rôle . . . .
73.	— 96, 97, 103	Requêtes en *instruction par écrit* . . . .
		Requêtes en réponse . . . .
75.	— 161, 166, 168, 173, 174, 180, 192, 229, 230, 339, 348, 354, 373, 400, 475, 493, 514, 531, 570, 815, 847, 871, 972.	Grosse de la requête d'*opposition* à un arrêt par *défaut* — par rôle . . . .
		Grosse de la requête tendant à ce que l'*étranger* demandeur soit tenu de fournir *caution*, etc., etc.
		Grosse de la requête en réponse . . . .
		Copies des dites requêtes, par rôle . . . .
76.	— 410, 156, 191, 199, 204, 221, 259, 297, 307, 403, 534, 617, 780, 808, 809, 822, 970, 401 (467 C. N.)	Requête à fin de faire nommer un nouveau rapporteur en *instruction par écrit*, ou sur délibéré. . . . . .
77.	— 72, 558, 582, 788, 795, 800, 802, 803, 826, 827, 928, 931, 946, 986, 996, 998, 1017, (113 C. N.)	Requête à fin d'*abréviation des délais* dans les cas de célérité; — Requête à fin de *saisie-arrêt*, etc., etc. . . .
78.	— 364, 483, 492, 839, 841, 844, 854, 855, 859, (113 C. N.) 860, 861, 863, 864, 865, (467 C. N.) 909 (70, 71 C. N.)	Requête à fin d'obtenir permission d'assigner en *réglement juges*; — Requête civile principale; — etc., etc., etc. .
79.	— 325	Requête pour avoir permission de faire interroger sur faits et articles, etc. . . . .

S'agit-il d'une requête dont l'étendue est subordonnée à la nature et à l'importance de l'affaire, le taxateur doit lire l'acte en entier et s'assurer qu'il ne renferme pas des développements oiseux. — S'il y trouve, par exemple, des discussions de fait ou de droit relatives à des questions déjà décidées, dans l'instance même, par des jugements ou arrêts passés en force de chose jugée, ou bien la copie littérale d'actes ou de jugements, même relatifs au litige, etc., etc., le magistrat taxera la requête, soit en déboursés, soit en émoluments, comme si les parties purement frustratoires n'y existaient pas.

VII.

Le chiffre des déboursés est-il justifié par les pièces produites?

Nous avons dit que l'avoué doit justifier sa demande en ce qui concerne les déboursés par la production des actes qui y ont donné lieu.

Les déboursés comprennent les sommes avancées soit par la partie, soit par l'avoué, pour timbre, droit de greffe, enregistrement, salaires d'huissiers, etc., etc.

Le taxateur s'assurera si les sommes avancées, à ces divers titres, sont exactement portées dans le rôle.

La partie condamnée n'est point en présence du juge pour défendre ses intérêts; le magistrat doit donc suppléer à son absence et se livrer à une minutieuse vérification du chiffre des déboursés.

Tous les déboursés dont la réalité est reconnue doivent passer en taxe, à l'exception de ceux qui ont été occasionnés par des actes contraires à la loi, nuls ou frustratoires, soit en totalité, soit en partie.

Il ne suffit pas, cependant, que l'avoué établisse qu'il a fait un déboursé, pour que le magistrat soit tenu de le passer en taxe; il faut encore que cette avance ait une cause légitime.

Nous citerons quelques exemples pour mieux faire comprendre aux juges taxateurs la nature du contrôle qu'ils doivent exercer.

La mise au rôle a donné lieu jusqu'à ce jour aux perceptions les plus abusives.

Voici l'indication des seules perceptions autorisées par la loi :

c

COUT LÉGAL DE LA MISE AU ROLE.

NATURE des causes.	JURIDICTIONS.	ARTICLES DES LOIS qui autorisent les perceptions.	DROITS de greffe.	DROITS de greffe.	VACATIONS de l'avoué.	TOTAL.
	Cour Impériale de Justice.	Art. 3, 8 8 de la Loi du 21 Ventose An 7. — et Loi du 14 juillet 1855.	fr. c. 5 30	»	fr. c.	fr. c.
AFFAIRES SOMMAIRES.		Art. 19, Loi du 21 Ventose, An 7		50 c.	» »	
	Tribunaux de première instance ordinaires.	Art. 3, § 1, Loi du 21 Ventose, An 7. — et Loi du 14 juillet 1870.	1 65	»	»	1 80
		Art. 19, Loi du 21 Ventose, An 7	»	15 c.	»	
	Cour Impériale de Justice.	Art. 3, § 8, Loi du 21 Ventose, An 7. — et Loi du 14 juillet 1855.	5 30	»	»	
AFFAIRES ORDINAIRES.		Art. 19, Loi du 21 Ventose, An 7	»	50 c.	»	5 85
		Art. 90 du Décret du 16 février 1807	»	»	5 05	
	Tribunal de Paris.	Art. 3, § 1, Loi du 21 Ventose, An 7. — et Loi du 14 juillet 1870.	5 30	»	»	
		Art. 19, Loi du 21 Ventose, An 7	»	50 c.	»	4 90
		Art. 90, Décret du 16 février 1807.	»	»	1 50	
	Tribunaux d'arrondissement ville de Paris.	Art. 3, § 1, Loi du 21 Ventose, An 7. — et Loi du 14 juillet 1855.	5 30	»	»	
		Art. 19, Loi du 21 Ventose, An 7	»	50 c.	»	4 55
		Art. 90, Décret du 16 février 1807	»	»	1 15	
APPELS DES JUGE- MENTS RENDUS par les juges de paix.	Tribunaux du ressort sans distinction.	Art. 3, § 1, Loi du 21 Ventose, An 7. — et Loi du 14 juillet 1870.	5 30	»	»	5 80
		Art. 19, Loi du 21 Ventose, An 7	»	50 c.	»	

Dans les nombreux rôles de frais qui sont passés sous nos yeux, les perceptions légales, en cette matière, ont presque toujours été dépassées, dans certains siéges.

Ainsi, en matière sommaire, au lieu de la somme de 1 fr. 80 c., qui comprend à la fois les déboursés et les émoluments de la mise au rôle dans les tribunaux de troisième classe, nous avons trouvé les perceptions suivantes :

1°.	2 fr. » c.	16°.	4 fr. 20 c.
2°.	2 10.	17°.	4 30.
3°.	2 20.	18°.	4 45.
4°.	2 55.	19°.	4 50.
5°.	2 75.	20°.	4 55.
6°.	2 85.	21°.	4 65.
7°.	2 90.	22°.	4 70.
8°.	2 93.	23°.	4 85.
9°.	3 »	24°.	4 95.
10°.	3 15.	25°.	5 »
11°.	3 17.	26°.	5 50.
12°.	3 20.	27°.	6 08.
13°.	3 55.	28°.	6 10.
14°.	4 »	29°.	7 55.
15°.	4 15.		

En matière ordinaire, au lieu de 4 fr. 75 c., nous avons constaté les perceptions suivantes :

1°	5 fr. 35 c.	5°	6 fr. 10 c.
2°	5 50.	6°	6 25.
3°	5 65.	7°	6 65.
4°	5 80.		

En ce qui concerne les appels des jugements émanés des justices de paix, au lieu de 3 fr. 60 c., nous avons trouvé :

1°	4 fr. » c.	4°	4 fr. 65 c.
2°	4 20.	5°	4 85.
3°	4 45.	6°	5 30.

Par quels procédés est-on parvenu à exagérer ainsi le coût de la mise au rôle? — Les greffiers et les avoués y ont concouru dans des proportions différentes. — Les greffiers, en percevant, avec l'assentiment des avoués, les émoluments qui leur sont alloués par le décret du 24 mai 1854 pour les *bulletins constatant les remises de causes*, le *papier timbré de la minute du jugement* et la *mention du jugement au répertoire*. — Il suffit d'énoncer la nature de ces droits pour comprendre qu'ils ne peuvent être exigés lors de la mise au rôle. — Comment, au moment où cette formalité s'accomplit, peut-on savoir si la cause donnera lieu à ces déboursés? — Que d'instances, en effet, qui, après leur inscription, sont radiées du rôle par suite d'abandou, de désistement ou de transaction! — Dans toutes ces causes — et elles sont nombreuses, — les droits de *remise*, de *minute* et de *répertoire* ne sont jamais dus et il est manifeste que si le greffier en a reçu par anticipation le montant, il a fait des perceptions illégales qui le soumettent à restitution.

Les avoués, de leur côté, contribuent à grossir le coût de la mise au rôle, en s'attribuant la vacation accordée par l'art. 90 du Tarif, dans les cas où elle n'est pas due, particulièrement en matière sommaire et dans les appels des jugements émanés des justices de paix; — quelquefois aussi en portant dans leurs rôles la vacation accordée aux avoués d'une classe supérieure; — enfin, lorsque la cause ayant été rayée a été plus tard réinscrite, ils s'attribuent une double vacation, au mépris de la disposition de la loi du 21 ventose an VII, suivant laquelle la seconde inscription d'une même cause doit être faite gratuitement, en mentionnant le premier placement.

D'après les articles 3 de la loi du 21 ventose an VII, — 21 et 59 du décret du 30 mars 1808, — 152 et 157 §§ 1 et 2 du Tarif, il est accordé un émolument aux huissiers pour l'appel des causes. — La somme allouée est

de 1 fr. 12 c. 1/2 devant la Cour de Bastia,
de » 27 devant le Tribunal de Bastia,
de » 25 devant les autres Tribunaux du Ressort.

Mais cet émolument n'est dû que pour les arrêts et jugements par défaut, interlocutoires et définitifs, sans qu'il puisse être accordé aucun droit pour les jugements préparatoires ou de simple remise.

Ces prescriptions sont souvent méconnues. — Le taxateur aura donc à rechercher quelle est la nature du jugement qui a donné lieu à l'appel de cause. — La distinction des jugements *préparatoires* et des jugements *interlocutoires* présente quelquefois des difficultés sérieuses; elles doivent être mûrement examinées, afin de ne pas laisser à la charge des parties une perception qui ne serait pas due; — il faut vérifier ensuite si le chiffre de l'émolument n'a pas été exagéré; nous en avons vu des exemples.

Les transports des huissiers donnent lieu aussi à de nombreux abus. Le juge taxateur doit s'assurer si la signification ou l'acte que l'huissier était chargé de faire en se transportant sur les lieux, a été réellement fait par l'huissier qui en a reçu la mission et perçu l'émolument.

Il est des huissiers qui se dispensent du transport, en chargeant un de leurs confrères résidant dans la commune où l'acte doit s'accomplir, d'instrumenter à leur place et cependant le coût de l'acte est compté comme s'il y avait eu déplacement et transport.

Les frais de transport sont quelquefois exagérés parce que l'huissier s'attribue un émolument qui n'est pas en rapport avec la distance parcourue.

La vérification de l'exactitude du montant de l'indemnité de transport n'est pas difficile.

L'indemnité des huissiers ordinaires exerçant près les Cours Impériales et les Tribunaux de première instance est réglée ainsi qu'il suit :

DROITS DE TRANSPORT DES HUISSIERS ORDINAIRES
A RAISON DE LA DISTANCE PARCOURUE.

Pour 5 Kilomètres ou	1/2 Myriamètres. .	0 fr.
10	1	4
15	1 1/2	6
20	2	8
25	2 1/2	10
30	3	12
etc.	etc.	etc.

Quant aux huissiers des justices de paix ces chiffres subissent une réduction de moitié.

En rapprochant ces indications du tableau des distances qui se trouve au greffe de chaque juridiction, le juge taxateur reconnaîtra sans peine si la somme, qui figure dans le rôle pour le coût d'une signification ou d'un acte qui a donné lieu à transport, est exacte ou exagérée.

VIII.

Le chiffre des émoluments est-il conforme aux dispositions du Tarif?

Les rôles de frais renferment, à cet égard, de nombreuses inexactitudes qui tiennent à des causes diverses.

Quelquefois les avoués se trompent dans les calculs d'augmentation et de réduction des émoluments portés au Tarif, — ou bien ils s'attribuent des émoluments qui n'appartiennent qu'à des officiers ministériels exerçant près des Tribunaux d'une classe supérieure.

Le Tarif légal qui accompagne cette publication rendra toute erreur impossible. — ou tout au moins inexcusable, car elle présenterait les apparences d'une erreur volontaire.

IX.

Les droits de copie portés dans le mémoire de frais sont-ils dus? — Les émoluments réclamés à ce titre n'ont-ils pas été exagérés?

Les droits de copie ne sont dus que lorsque la loi les alloue; il est, en effet, des actes dont la copie est prescrite et qui ne produisent, sous ce rapport, aucun émolument pour l'avoué.

Si la copie est rétribuée, le taxateur examine si sa signification est utile à la cause.

Si, par exemple, une requête en défenses est signifiée à une partie contre laquelle il n'est pris aucune conclusion, ou si une même signification est faite au domicile réel et au domicile élu, lorsque les parties ont déclaré, dans un acte, qu'elles entendaient recevoir au domicile élu toutes les significations à faire durant l'instance, — dans ces cas et dans tous ceux où la copie signifiée était sans utilité, le taxateur doit la rejeter non-seulement quant à l'émolument de l'huissier ou de l'avoué, mais encore quant au déboursé pour papier timbré.

S'il existe plusieurs défendeurs et qu'à l'égard de chacun d'eux la demande soit basée sur des titres distincts, le juge n'allouera, dans chaque assignation, que la copie des pièces qui se réfèrent en particulier à chacune des parties assignées.

Le Tarif rétribue la copie des pièces suivant deux modes différents; tantôt il alloue le quart de l'émolument accordé pour l'original, — tantôt le droit est basé sur le nombre de rôles de la pièce dont il est donné copie.

Si l'original n'est pas divisé régulièrement par rôles, s'il contient, par exemple, plus de lignes à la page et plus de syllabes à la ligne qu'il n'en devrait contenir, ou si les pièces dont on donne copie ne sont pas grossoyées, il faut calculer le nombre de rôles qu'aurait dû contenir cette pièce si elle eût été dressée conformément à la loi.

Le même calcul est nécessaire pour contrôler l'évaluation faite par l'officier ministériel de son droit de copie. — Cette opération, quelque minutieuse qu'elle soit, ne présente, au surplus, aucune difficulté; il suffit de compter le nombre de lignes que renferme la pièce originale et de le multiplier par le nombre de syllabes d'une ligne prise au hasard; on divise ensuite le nombre total des syllabes par celui d'un rôle de la pièce signifiée et l'on obtient ainsi le nombre de rôles dont le droit de copie doit être accordé à l'officier ministériel.

Le nombre de lignes et de syllabes que doit contenir un rôle varie suivant que le droit de copie appartient à un huissier ou à un avoué, — ou bien que l'acte signifié émane d'un notaire, — ou que la copie des pièces a eu lieu dans le cours d'une procédure d'expropriation pour cause d'utilité publique, etc., etc.

Les huissiers ont le droit *exclusif* de dresser et de certifier les copies de tous les actes signifiés *en dehors des instances* dans lesquelles les avoués ont le droit d'occuper; — leur émolument est fixé d'une manière

COUR IMPERIALE de BASTIA.	TRIBUNAUX DE 1re INSTANCE		CANTONS RURAUX.
	de BASTIA.	des AUTRES VILLES DU RESSORT.	
fr. c.	fr. c.	fr. c.	fr. c.
» »	15 »	15 »	» »
» »	12 »	12 »	» »
» »	1 80	1 50	» »
» »	Le 1¡4 (» 45)	Le 1¡4 (» 37 1¡2)	» »
» »	» 22 1¡2	» 20	» »
» »	1 80	1 50	» »
» »	Le 1¡4 (» 45)	Le 1¡4 (» 37 1¡2)	» »

f

ARTICLES des Tarifs, Décrets et Ordonnances rappelés à la Loi des dépens.	ARTICLES du CODE DE PROCÉDURE CIVILE.	NATURE DES ACTES.	COUR IMPÉRIALE de BASTIA.	TRIBUNAUX DE 1re INSTANCE		CANTONS RURAUX.
				de BASTIA.	des AUTRES VILLES DU RESSORT.	
Ordonnances du 12 octobre 1811. Art. 3 §§ 9 à 19.	Art. 715, 717, 718, 719, 730, 735, 736, 837, 912, 950.	Original de la signification du jugement d'adjudication. — De la demande en réduction formée avant l'adjudication ou notifiée au greffe; — Du rapport d'expert même; — De la demande en distraction de tout ou partie des objets saisis immobilièrement contre la partie qui n'était saisie en cause; — De l'acte d'appel qui doit être en même temps notifié au greffier du tribunal et visé par lui; — De la manifestation du bordereau de collocation avec commandement; — De la signification des jour et heure de l'adjudication sur folle enchère; — De la sommation à faire à l'ancien et au nouveau propriétaire, en cas d'y a lieu, au créancier revendicateur; — En l'avertissement donné au subrogé tuteur; — De la demande en partage.	» »	» » 1 50	» » 1 50	» » » »
		Copie	» »	Le 1/4 (» 46)	Le 1/4 (» 37 sp)	» »
		II. — PROCÈS-VERBAUX ET ACTES DU MÊME GENRE.				
4 § 1er	— 675	Procès-verbal de saisie immobilière auquel il n'est employé que 3 heures.	» »	5 40	5 »	» »
— § 2		Pour chacune des vacations subséquentes	» »	4 50	4 »	» »
— § 4	— 677	Dénonciation de la saisie immobilière à la partie saisie.	» »	3 95	3 »	» »
— § 5		Copie de la dite dénonciation.	» »	Le 1/4 (46)	(50)	» »
— § 6	— 692 (C. Nap. 2185).	Original de l'acte contenant réquisition d'un premier inscrit; à fin de son avis aux curateur et subrogé-curateur de l'immeuble aliéné par son débiteur . . .	» »	4 50	4 »	» »
		Copie	» »	Le 1/4 (12 sp)	Le 1/4 (»)	» »
— § 7	— 693, 704, 700, 735, 741, 742, 839, 959, 973, 986, 997.	Procès-verbal d'apposition de placards dans toutes les cours judiciaires, y compris le salaire de l'afficheur.	» »	7 50	6 »	» »

ARTICLES des Tarifs, Décrets et Ordonnances rappelés à la fin des actes.	ARTICLES du CODE DE PROCÉDURE CIVILE	NATURE DES ACTES.	COUR IMPÉRIALE de NANCY.	TRIBUNAUX DE 1re INSTANCE		CANTONS RURAUX.
				du NANCY.	et AUTRES VILLES DU RESSORT.	
Ordonnance du 19 octobre 1844.			fr. c.	fr. c.	fr. c.	fr. c.
Art. 5, § 2	. . . .	Transport des huissiers au-delà d'un demi-myriamètre et jusqu'à un myriamètre, aller et retour	» »	4 »	3 »	» »
— § 3	. . . .	Transport des huissiers au-delà d'un myriamètre, — par chaque demi-myriamètre.	» »	2 »	2 »	» »
— § 4	. . . .	Frais de chacun des actes qui y sont assujettis	» »	» 70	» 75	» »
		2. — HUISSIERS AUDIENCIERS DES TRIBUNAUX DE PREMIÈRE INSTANCE.				
6 § 1er	Art. 695	Publication du cahier des charges	» »	» 70	» 75	» »
— § 2	— 701, 706	Lors de l'adjudication, y compris les frais du bourdon, que les huissiers imposent et différent aux enchères. . .	» »	1 50	2 75	» »
— § 3	. . . .	Ce droit est alloué à raison de chaque lot adjugé , quelle qu'en soit la composition , mais qu'il puisse être exigé sur un nombre de lots supérieur à six .				
— § 4	. . . .	Lorsque après l'ouverture des enchères l'adjudication n'a pas lieu, il est alloué aux huissiers, y compris les frais de bourdon, et quel que soit le nombre des lots	» »	1 50	3 75	» »
		§ III. — Avoués de Première Instance.				
		RÈGLEMENTS SPÉCIAUX A CHAQUE NATURE DE VENTE.				
7. §§ 1er, 2, 3.	— 678, 681, 692, 693, 710, 744.	Vacation à la transcription de la saisie-immobilière et de l'exploit de dénonciation : Vacation pour se faire délivrer l'extrait des inscriptions ; Vacation à l'examen de l'état d'inscriptions et pour préparer la sommation au créancier de l'immeuble saisi ; Vacation à la mention , aux hypothèques , de la satisfaction prescrite par les articles 692 et 693 du Code de procédure civile; Vacation à la mention sommaire du payement d'adjudication en marge de la transcription de la saisie. Vacation à la mention sommaire du payement de conversion en marge de la transcription de la saisie	» »	3 10	4 50	» »
— § 7	— 695	Vacation à la publication , y compris les dires qui peuvent avoir lieu.	» »	3 70	3 45	» »

ARTICLES de l'arrêté, tarifs et ordonnances relatifs à la taxe des dépens.	ARTICLES du CODE DE PROCÉDURE CIVILE.	NATURE DES ACTES.	COUR IMPÉRIALE de BASTIA.	TRIBUNAUX DE 1re INSTANCE de BASTIA.	des AUTRES VILLES DE SUBDIVISION.	CANTONS RURAUX.
Art. 7 § 8	Art. 730	Pour l'acte de la dénonciation de la plus simple saisie au premier saisissant, à la requête de plus simple saisissant, avec sommation de se mettre en état.	» »	2 70	2 25	» »
		Copie.	» »	Le 1/4 (= 67 50)	Le 1/4 (= 56 50)	» »
— § 9	— 733	Vacation pour déposer au greffe les titres justificatifs d'une demande en distraction d'objets immobiliers saisis.	» »	2 70	2 45	» »
— § 10	— 745	A chaque avoué signataire de la requête non grossoyée et non signifiée, sur le consentement de toutes les parties intéressées, pour demander, après saisie immobilière, que l'immeuble soit soit vendu aux enchères publiques soit de gré à gré.	» »	5 40	4 50	» »
		§ IV — Surenchère sur aliénation volontaire.				
» § 1er	— 832	Requête pour faire sommation au tiercier.	» »	1 80	1 50	» »
— § 2	....	Vacation pour faire au greffe la soumission de la caution et déposer les titres justificatifs de sa solvabilité.	» »	2 70	2 25	» »
— § 3	....	Vacation pour prendre communication des pièces justificatives de la solvabilité de la caution.	» »	2 70	2 25	» »
		§ V — Vente de biens de mineurs.				
» § 1er	— 954	Requête à fin d'homologation de l'avis du conseil de famille pour aliéner les immeubles des mineurs.	» »	6 75	5 50	» »
— § 2	— 956	Vacation pour prendre communication de la minute du rapport des experts.	» »	5 40	4 50	» »
— § 3	....	Requête pour demander l'entérinement du rapport des experts.	» »	6 75	5 50	» »
— § 4	....	Il est alloué aux avoués sans distinction de résidence, dans le cas où l'expertise n'a pas eu lieu, à raison des soins et démarches nécessaires pour la levée de la vente à perte. Sous préjudice du supplément de remise proportionnelle accordé par l'art. 11, § 12. (V. page 39.)	» »	25 »	25 »	» »

ARTICLES des Tarifs, Décrets et Ordonnances relatifs à la fixe des Dépens.	ARTICLES du CODE DE PROCÉDURE CIVILE.	NATURE DES ACTES	COUR IMPÉRIALE de BASTIA.	TRIBUNAUX DE 1re INSTANCE		CANTONS RURAUX
				de BASTIA.	des AUTRES VILLES DU RESSORT.	
			fr. c.	fr. c.	fr. c.	fr. c.
Art. 9. § 6	Art. 971	Vacation à prendre communication du cahier des charges, en cas de crime devant notaire	» »	5 »	4 »	» »
— 37	— 969	Rapport pour obtenir l'autorisation de vendre ci-dessus de la mise à prix	» »	5 40	4 50	» »
— § »		Ces émoluments sont les mêmes lorsqu'il s'agit de vente d'immeubles dépendant d'une succession bénéficiaire, d'amputations divises, ou provenant soit d'une succession vacante, soit d'un débiteur failli, ou qui a fait remise	» »	6 75	5 40	» »
		§ VI. — **Partages et Licitations.**				
10. § 1er	— 966	Requête à fin de remplacement du juge ou du notaire commis	» »	2 70	2 25	» »
— § »	— 971	Vacation à prendre communication du procès-verbal d'expertise	» »	5 40	4 50	» »
— § 2		Acte de conclusions d'avoué à avoué pour demander l'entérinement du rapport des experts	» »	6 75	5 »	» »
— § »		Copie	» »	Le 1/4 (98 50)	Le 1/4 (37 50)	» »
		Il est alloué un second, sans distinction de résidence, dans le cas où l'expertise n'a pas eu lieu, à raison des actes et diverses nécessaires pour la fixation de la mise à prix en cas de vente, ou pour l'estimation et la composition des lots, en cas de partage en nature	» »	25 »	25 »	» »
— § »		Sans préjudice du supplément de remise proportionnelle accordée par l'article 11, § 12. (V. pag. 50.) — Aucune remise proportionnelle n'est due, toutefois, dans le cas de partage en nature.				
— § »	— 972	Sommation de prendre communication du cahier des charges	» »	» 50	» 75	» »
— § »		Copie	» »	Le 1/4 (98 50)	Le 1/4 (18 50)	» »
— § 7		Vacation à prendre communication du cahier des charges, au greffe, pour chaque avoué enchérisseur ; — ou l'étude du notaire pour l'acteur poursuivant et pour chaque avoué enchérisseur	» »	5 40	4 50	» »

ARTICLES des Tarifs, Décrets et Ordonnances relatifs à la taxe des dépens. Ordonnance du 16 octobre 1841.	ARTICLES du CODE DE PROCÉDURE CIVILE.	NATURE DES ACTES.	COUR IMPÉRIALE de NANTES.	TRIBUNAUX DE 1re INSTANCE		CANTONS RURAUX.
				de NANTES.	des AUTRES VILLES DU RESSORT.	
			f. c.	f. c.	f. c.	f. c.
Art. 104-9	. . . .	Actes de conventions d'autre à autre pour résister l'enchère-fication de vendre au-dessous de la mise à prix	» »	» 75	» 50	» »
		Copie	» »	Le 1/4 (1 08 »p.)	Le 1/4 (1 37 »p.)	» »
		§ VII. — **Emoluments communs aux différentes ventes.**				
§ 1er	Art. 690	Grosse du cahier des charges non signifiée dans aucun cas, par rôle de 25 lignes à la page et de 12 syllabes à la ligne	» »	1 80	1 50	» »
— § 2	. . . .	Vacation pour déposer au greffe le cahier des charges . .	» »	2 70	2 45	» »
— § 3	— 696	Extrait à insérer dans le journal désigné par les cours impé-riales	» »	1 80	1 50	» »
— § 5	— 697	Pour obtenir l'ordonnance tendant à faire l'insertion extraor-dinaire	» »	1 80	1 50	» »
— § 7	. . . .	Pour faire faire l'insertion extraordinaire	» »	1 80	1 50	» »
— § 8	— 698	Pour faire légaliser la signature de l'imprimeur par le maire.	» »	1 80	1 50	» »
— § 9	— 699	Pour l'extrait qui doit être imprimé et placardé, lequel sert d'original et ne peut être grossoyé	» 50	4 50	» »
— § 11	— 702	Vacation à l'adjudication	» »	13 50	12 »	» »
		Indépendamment des émoluments ci-dessus fixés, l'avoué pour-suivant a droit, sur le prix des biens adjugés, à une remise proportionnelle déterminée par le présent article.				
— § 20	— 703	Vacation au procès-verbal de remise	» »	5 40	4 90	» »
— § 21	— 705	— pour surdité	» »	8 75	5 45	» »
— § 22	— 707	— pour enchère et se rendre adjudicataire . . .	» »	13 50	11 25	» »
— § 23	— 709	— pour faire la déclaration de command . . .	» »	5 40	4 50	» »

ARTICLES des Tarifs, Décrets et Ordonnances relatifs à la taxe des dépens.	ARTICLES du CODE DE PROCÉDURE CIVILE.	NATURE DES ACTES.	COUR IMPÉRIALE de BASTIA.	TRIBUNAUX DE 1re INSTANCE		CANTONS RURAUX.
				de BASTIA.	des AUTRES VILLES DU RESSORT.	
Ordonnance du 16 février 1807			fr. c.	fr. c.	fr. c.	fr. c.
Art. 12 § 1er	Art. 708	Vacation pour lire au greffe la surenchère du 1/4 au-dessus du prix principal de l'adjudication	» »	13 50	11 25	» »
— § 2	. . . .	Dénonciation de la surenchère susdite	» »	» 90	» 75	» »
		Copie	Le 1/4 (= 22 (p.)	Le 1/4 (= 18 (p.)	» »	
— § 3	— 745, 964	Vacation pour rappeler le certificat du greffier ou du notaire constatant que l'adjudicataire n'a pas justifié de l'acquit des conditions exigées de l'adjudication	» »	2 70	2 25	» »
12.	. . . .	Copies des pièces appartenant à l'avoué — pour chaque rôle de 25 lignes à la page et de 12 syllabes à la ligne	» »	» 27	» 24	» »
		§ VIII. — Ordre.				
130.	— 750	Vacation pour requérir, sur le registre tenu au greffe, la nomination, par le Président du tribunal, d'un juge-commissaire devant lequel il doit être procédé à l'ordre	» »	5 40	4 50	» »
131.	— 756	Requête au juge-commissaire tendant à obtenir l'ordonnance portant que les créanciers inscrits seront tenus de s'inscrire, — et vacation pour se faire délivrer l'ordonnance, le tout ensemble	» »	3 30	2 75	» »
		Vacation pour se faire délivrer, par le conservateur des hypothèques, l'extrait des inscriptions	» »	3 30	1 50	» »
132.	— 751	Sommation d'avoué à avoué aux créanciers inscrits de produire dans le mois	» »	» 90	» 75	» »
		Copie	Le 1/4 (= 22 (p.)	Le 1/4 (= 18 (p.)	» »	
133.	— 754	Acte de production de titres contenant demande en collocation et constitution d'avoué, — vacation comprise . . .	» »	16 »	15 »	» »
134.	— 755	Dénonciation par acte d'avoué à avoué aux créanciers produisants et à la partie saisie de la confection de l'état de collocation, etc.	» »	3 70	2 25	» »
		Copie	Le 1/4 (= 27 (p.)	Le 1/4 (= 26 (p.)	» »	

ARTICLES des Tarifs, Décrets et Ordonnances rendus à la suite des dépens.	ARTICLES du CODE DE PROCÉDURE CIVILE.	NATURE DES ACTES.	COUR IMPÉRIALE de NANTES.	TRIBUNAUX DE 1re INSTANCE de NANTES.	des AUTRES VILLES DE RESSORT.	CANTONS RURAUX.
Décret du 16 février 1807.			fr. c.	fr. c.	fr. c.	fr. c.
Art. 135.		Vacation pour prendre communication des productions et contredire, etc.	» »	6 »	7 50	» »
136.	Art. 757.	Demi-vacation à l'avoué poursuivant par chaque production, pour en prendre communication et contredire, s'il y a lieu.	» »	5 »	3 75	» »
		Inventaire aux créanciers inscrits et à la partie saisie des productions faites et sommation d'en prendre communication, etc.	» »	3 »	3 25	» »
		Copie	» »	Le 1/2 (» 15 sp)	Le 1/2 (» 10 sp)	» »
137.	— 762.	Vacation pour faire rayer une ou plusieurs inscriptions en vertu du sous-jugement	» »	6 »	4 50	» »
		Vacation pour se faire délivrer le mandement ou bordereau de collocation	» »	4 50	3 75	» »
138.	— 772.	Requête pour demander la subrogation à la poursuite d'ordre	» »	3 »	2 25	» »
		Vacation pour faire lever toute requête en procès-verbal de sept réquisitoires	» »	1 25	1 15	» »
		Signification de la même requête ou poursuivant par acte d'avoué à avoué	» »	» 50	» 75	» »
139.		Copie	» »	Le 1/2 (» 20 sp)	Le 1/2 (» 10 sp)	» »
		Acte tenant de réponse	» »	» 70	» 7 »	» »
		Copie	» »	Le 1/2 (» 22 ss)	Le 1/2 (» 8 sp)	» »

ARTICLES des Lois, Décrets et Ordonnances relatifs à la taxe des dépens	ARTICLES du CODE DE PROCÉDURE CIVILE	NATURE DES ACTES.	COUR IMPÉRIALE de BASTIA.		TRIBUNAUX DE 1re INSTANCE			CANTONS RURAUX.	
Décret du 16 février 1807.					de BASTIA.		des AUTRES VILLES DU RESSORT.		

TITRE IV.
DES AVOCATS ET DES AVOUÉS.

Actes particuliers.

			fr.	c.	fr.	c.	fr.	c.	fr.	c.
Art. 140.	Art. 135 . . .	Consultation de trois avocats marquant depuis dix ans, qui doit précéder la requête civile principale ou incidente . . .	74	»	74	»	74	»	»	»
141.	— 503 . . .	Déclaration de dommages-intérêts — par article . . .	»	60	»	51	»	45	»	»
		Copie expédiée de ladite déclaration — par article . . .	»	90	»	13 ½	»	18	»	»
142.	Argum. de l'art. 324 . . .	Pour chaque opposition de l'avoué défenseur sur la déclaration de dommages-intérêts . . .	»	81	»	54	»	45	»	»
143.	— 4181 (Cod. Nap.) .	Composition de l'extrait de l'acte de vente, ou donation, qui doit être dénoncé aux créanciers inscrits par l'acquéreur ou donataire . . .	»	»	13	50	11	70	»	»
		Par chaque inscription extraite . . . Les copies de cet extrait et des inscriptions sont taxés comme les copies de pièces . . .	»	»	»	90	»	75	»	»
144.	. . . .	Journée de campagne, à raison de cinq myriamètres pour un jour, frais de transport et de nourriture compris . . .	40	40	27	»	24	50	»	»
145.	. . . .	Port de pièces et correspondance — par chaque jugement définitif . . .	18	»	9	»	7	50	»	»
		— par chaque jugement interlocutoire . . .	9	»	4	50	3	75	»	»
145.	. . . .	Vacation pour assistance à l'affirmative de voyage . . .	3	61	1	35	1	15	»	»
146.	— 141	Requête en prise à partie, etc. . . .	15	»	15	»	15	»	»	»

ARTICLES des Tarifs, Décrets et Ordonnances relatifs à la taxe des dépens.	ARTICLES du CODE DE PROCÉDURE CIVILE.	NATURE DES ACTES.	COUR IMPÉRIALE de BASTIA.	TRIBUNAUX DE 1re INSTANCE		CANTONS RURAUX.
Décret du 18 mai 1854.				de BASTIA.	des AUTRES VILLES DU RESSORT.	
		TITRE V.				
		DES GREFFIERS.				
Article.						
1 n° 1	. . . .	*Dépôt de copies de contrats translatifs de propriété . . .*	» »	2 »	2 »	» »
1 n° 2	. . . .	*Extrait à afficher*	» »	1 »	1 »	» »
1 n° 3	. . . .	Plus, pour chaque acquéreur en sus, lorsqu'il y a des lots distincts.	» »	» 50	» 50	» »
1 n° 3	. . . .	*Soumission de caution avec dépôt de pièces, etc.* . .	» »	2 »	2 »	» »
1 n° 4	. . . .	*Bordereau de collocation; — Certificat de propriété* . .	» »	2 »	2 »	» »
1 n° 5	. . . .	Si le montant du bordereau s'élève à 2,000 fr.	» »	3 »	3 »	» »
1 n° 5	. . . .	*Dépôt d'un testament, non compris le transport*	» »	6 »	6 »	» »
1 n° 6	. . . .	*Communication de pièces dans les procédures d'ordre et de distribution par contribution, si la somme à distribuer n'excède pas 10,000 fr.*	» »	5 »	5 »	» »
		Si elle dépasse 10,000 fr.	» »	10 »	10 »	» »
1 n° 7	. . . .	*Actes faits au secrétariat ou greffe*	3 »	1 50	1 50	» »
1 n° 8	. . . .	*Communication, sans déplacement, de pièces dont le dépôt est constaté par un acte de greffier*	2 »	1 »	1 »	» »
1 n° 9	. . . .	*Recherches des actes, jugements et ordonnances faits ou rendus depuis plus d'un an et dont il n'est pas demandé expédition, — pour la 1re année indiquée*	1 »	» 75	» 75	» »
		pour chacune des années suivantes	» 50	» 25	» 25	» »

ARTICLES des Tarifs, Décrets et Ordonnances relatifs à la loi des appels	ARTICLES du CODE DE PROCÉDURE CIVILE	NATURE DES ACTES	COUR IMPÉRIALE de BASTIA	TRIBUNAUX DE 1re INSTANCE		CANTONS RURAUX
				de BASTIA	des AUTRES VILLES DU RESSORT	
Décret du 16 mai 1854.			fr. c.	fr. c.	fr. c.	fr. c.
Art. 1 n° 10	. . . .	Légalisation de pièces	» 50	» 25	» 25	» »
1 n° 11	. . . .	Inscription au tableau placé dans l'auditoire de chaque extrait d'acte soumis à cette formalité	1 »	» 50	» 50	» »
1 n° 12	. . . .	Visa d'expédition	» 50	» 25	» 25	» »
1 n° 13	. . . .	Bulletin de remise de cause	» 20	» 10	» 10	» »
1 n° 14	. . . .	Mention d'un acte porté au répertoire . . .	» 20	» 10	» 10	» »
2	. . . .	Transport { à plus de 5 kilomètres — par jour	8 »	8 »	8 »	» »
		à plus de 8 myriamètres — par jour	10 »	10 »	10 »	» »
3 n° 1	. . . .	Remboursement de papier timbré pour chaque jugement, cas de simple remise excepté . . .	» 80	» 80	» 80	» »
3 n° 2	. . . .	Pour chaque acte porté sur un registre timbré . . .	» 40	» 40	» 40	» »
3 n° 3	. . . .	Pour chaque mention portée sur un registre timbré . . .	» 15	» 15	» 15	» »
8	. . . .	Rôle d'expédition	» 40	» 30	» 30	» »
9	. . . .	Étude de documents et renseignements à remettre aux parties . . .	» 10	» 10	» 10	» »
19	. . . .	Rôle en rôle { en matière ordinaire	» 50	» 20	» 20	» »
		en matière sommaire	» 30	» 15	» 15	» »
100	. . . .	Pour représenter les pièces de comparaison, indépendamment des frais de voyage, pour chaque vacation de 3 heures(1)	15 »	10 »	10 »	» »
		(1) Ce ne qui concerne les honoraires des greffiers en matière de cours judiciaires, voir page 88.				

SUPPLÉMENT

AU

RÉSUMÉ DE LA JURISPRUDENCE.

DU 19 MAI 1857.

1° TAXE. — OPPOSITION. — DOUBLE EMPLOI.

2° DEMANDE INCIDENTE. — NATURE. — CLASSE. — DROIT D'OBTENTION.

3° OPPOSITION. — EXPLOIT. — RÉITÉRATION PAR REQUÊTE.

4° DÉMIS D'OPPOSITION PAR DÉFAUT. — DROIT D'OBTENTION.

1° *Lorsque les frais d'un arrêt par défaut ont été régulièrement liquidés et taxés, ces mêmes frais ne peuvent être portés dans le rôle relatif à la liquidation des dépens de l'arrêt définitif intervenu dans la même instance.*

2° *Si les exceptions et les incidents doivent être taxés comme en matière ordinaire ou en matière sommaire selon la nature de l'instance dans laquelle ils se sont produits, ce principe n'est point applicable lorsqu'il s'agit de fixer la valeur de la demande incidente et le chiffre du droit d'obtention de l'arrêt par défaut ou définitif. — Il en est ainsi spécialement de la demande en interprétation, qui ne remet en discussion qu'une partie des points jugés par l'arrêt à interpréter.*

3° *Lorsque l'opposition à un commandement a été faite par exploit contenant constitution d'avoué et assignation signifiée à personne et à domicile, il n'y a pas obligation de la réitérer par requête d'avoué à avoué.*

4° *L'arrêt qui rejette par défaut une opposition à un précédent arrêt, ou qui la déclare mal fondée, doit être taxé, quant au droit d'obtention comme arrêt définitif et non comme arrêt par défaut.*

Conjoints Vincentelli C. la veuve Vatteone.

ARRÊT.

Après délibération en la Chambre du Conseil,
LA COUR; — sur les conclusions conformes de M. BERTRAND, Premier
Avocat-Général,

I. SUR LA PREMIÈRE QUESTION.

Considérant que la somme de 42 fr. 17 c. ayant été déjà l'objet d'un
premier rôle de frais régulièrement taxé par ordonnance du 22 Janvier
1857, c'est mal à propos que Me Nicolini l'a portée une seconde fois
dans le rôle de frais liquidé le 1er Avril suivant;

Qu'il y a lieu, par suite, de dire droit, quant à ce, à l'opposition et de
déclarer que ladite somme sera distraite de ce dernier rôle;

II. SUR LA DEUXIÈME QUESTION.

Considérant que si, d'après la Jurisprudence de la Cour, les incidents
suivent la loi de l'instance principale dans laquelle ils se sont produits
et doivent être taxés comme la demande principale elle-même, ce principe ne peut être invoqué que pour déterminer la nature de la demande
incidente, mais nullement pour en fixer la valeur, lorsqu'il est reconnu
qu'elle doit être taxée comme en matière sommaire;

Considérant, en effet, que dans le cas où la contestation incidente ne
se réfère qu'à une partie de la demande principale, les autres chefs
étant réglés par une décision définitive, acceptée par toutes les parties, il n'y aurait ni justice, ni raison à assimiler la demande partielle
à la demande intégrale et à les taxer l'une et l'autre d'après une règle
uniforme;

Considérant, en fait, que si la demande principale de la dame Vatteone, sur laquelle est intervenu l'arrêt du 11 Août 1856, était d'une valeur supérieure à 5,000 fr., — la demande en interprétation du même
arrêt n'était relative qu'à deux sommes s'élevant ensemble à 3,224 fr.;

Que, par suite, tout en reconnaissant que la demande en interprétation est de nature sommaire comme la demande originaire, sa valeur
doit être déterminée uniquement d'après le montant des sommes qui
étaient l'objet de la discussion incidente;

D'où il résulte que la demande de la dame Vatteone se trouvant classée
dans la deuxième catégorie des affaires sommaires, le droit d'obtention

de l'arrêt par défaut en date du 20 Janvier 1857, est de 18 fr. et non de 27 fr., ainsi que l'a mal à propos soutenu Mᵉ Nicolini;

III. Sur la Troisième Question.

Considérant qu'il est certain, en droit, que tout acte ou toute procédure frustratoires doivent être rejetés de la taxe soit pour les émoluments, soit pour les déboursés;

Qu'il s'agit seulement, dans la cause soumise à l'appréciation de la Cour, de décider si l'arrêt du 31 Mars 1857, qui déclare l'opposition des époux Vincentelli tardive et non recevable, a été inutilement poursuivi et obtenu par Mᵉ Nicolini et s'il constitue une procédure frustratoire;

Considérant que la décision de cette question est subordonnée à celle relative au mérite de l'opposition du 25 Février 1857;

Considérant que Mᵉ Lusinchi, pour démontrer l'inutilité et le caractère purement frustratoire de l'arrêt du 31 Mars 1857, invoque l'article 162 du Code de Procédure, d'après lequel l'opposition non réitérée par requête, avec constitution d'avoué dans la huitaine, est réputée non avenue de plein droit et sans qu'il soit besoin de le faire ordonner;

Considérant que ce principe fondé sur les termes de l'article 162 n'est applicable que lorsqu'il s'agit d'un opposition formée extrajudiciairement, ou par déclaration sur commandement, ou procès-verbal d'exécution, sans constitution d'avoué, et qui ne lie pas l'instance;

Mais que la réitération cesse d'être obligatoire et devient même superflue si l'opposition a été faite, comme dans l'espèce, par exploit contenant constitution d'avoué, signifié à personne et à domicile, avec assignation à comparaître devant le tribunal compétent;

Considérant que cette opposition n'étant pas nulle de plein droit, il y avait lieu de la faire déclarer, par arrêt, irrecevable ou mal fondée;

Qu'ainsi l'arrêt du 31 Mars 1857 ne constitue pas une procédure frustratoire, dont les frais doivent demeurer à la charge de Mᵉ Nicolini;

IV. Sur la Quatrième Question.

Considérant que, suivant la jurisprudence de la Cour, l'arrêt qui démet par défaut d'une opposition à un précédent arrêt, doit être taxé non comme arrêt par défaut, mais bien comme arrêt définitif;

Qu'à cette hypothèse s'applique, en effet, le § 3 de l'art. 67 du Tarif, qui alloue un émolument pour les arrêts ou jugements contradictoires ou *définitifs*;

66

Considérant que l'arrêt qui rejette par défaut une opposition à un précédent arrêt par défaut, ou qui la déclare mal fondée, est incontestablement définitif, puisqu'il ne peut être l'objet d'une nouvelle opposition;

Mais considérant que la demande incidente de la dame Vatteone appartenant à la deuxième classe des affaires sommaires, le droit d'obtention doit être fixé à 36 fr., au lieu de 54 fr.; l'émolument pour dressé de qualité, et de signification de l'arrêt à avoué à 9 fr. et les déboursés pour la correspondance à 6 fr.;

. . . .

STATUANT sur l'opposition,

1º DÉCLARE que la somme de 42 fr. portée à l'article premier du second rôle de frais de Mᵉ Nicolini forme double emploi avec les frais liquidés par l'ordonnance du 22 Janvier dernier et sera supprimée du rôle.

2º FIXE à 18 fr. le droit d'obtention de l'arrêt rendu par défaut le 20 Janvier 1857,

A 36 fr. le droit d'obtention de l'arrêt définitif du 31 Mars 1857,

A 9 fr. le droit des qualités dudit arrêt,

A 6 fr. les déboursés pour la correspondance;

3º RÉDUIT, en conséquence, le montant des deux rôles de frais dressés par Mᵉ Nicolini les 22 Janvier et 31 Mars 1857 à la somme de 172 fr. 50 cent.

1ʳᵉ *Chambre Civile.* — M. CALMÈTES, *Premier Président.*

MM. LUSINCHI,
NICOLINI, } *Avoués.*

Décision de Son Excellence M. le Garde des Sceaux
relative aux exécutoires de dépens.

Paris, le 23 Juin 1857.

MONSIEUR LE PREMIER PRÉSIDENT,

Vous m'informez que les exécutoires de dépens, dans les affaires ordinaires, étaient rendus, dans la Cour Impériale de Bastia, par le Premier Président au nom de la Cour, et qu'il en était délivré expédition en forme exécutoire par le Greffier en chef; que ce fonctionnaire a élevé la prétention de modifier cette pratique établie depuis longtemps, en considérant l'exécutoire non plus comme un acte du juge, mais comme un acte du greffe.

Suivant l'opinion du greffier, dites-vous, l'exécutoire n'aurait pas un caractère juridictionnel; il ne constituerait qu'un acte du greffe et l'intervention et la signature du Premier Président ne seraient pas nécessaires. Il se fonde sur les termes de l'article 5 du second décret du 16 février 1807, lequel porte : « Lorsque le montant de la taxe n'aura pas » été compris dans l'expédition de l'arrêt ou jugement, il en sera déli- » vré exécutoire par le greffier. »

Cette prétention vous paraît contraire aux véritables principes, et, à cet égard, vous faites observer que, sous l'ordonnance de 1667, l'exécutoire de dépens ne pouvait émaner que du juge; il était assimilé à un jugement. C'est le sentiment de Jousse en son commentaire et celui de tous les auteurs qui ont traité cette matière au point de vue des anciens principes. La pratique était conforme à cette doctrine; le juge décernait et signait l'exécutoire; le greffier en délivrait expédition dans la forme des jugements et arrêts.

Le décret du 16 février 1807, ajoutez-vous, n'a apporté aucune innovation à ces principes. Lorsque, dans son article 5, il énonce que le greffier délivrera exécutoire, il n'a pas entendu dépouiller le juge d'un droit qui lui appartenait antérieurement pour en investir le greffier.

L'exécutoire de dépens est le complément de l'arrêt ou du jugement ; il participe de leur nature, il constitue un acte de juridiction qui ne saurait rentrer dans les attributions du greffier.

Je partage complétement votre manière de voir à cet égard et vous prie de tenir la main à ce que le greffier de la Cour s'y conforme.

Recevez, Monsieur le Premier Président, l'assurance de ma considération très-distinguée,

Le Garde des Sceaux, Ministre de la Justice,

Signé : **ABBATUCCI.**

TABLE ALPHABÉTIQUE DU TARIF.

A

B

C

D

76

F

G

H

I

J

82

P

Q

R

S

V

FIN DE LA TABLE.